《解放奴隸宣言》×蓋茲堡演說
賭上性命只爲換取全美的和平與正義

黑奴解放者
林肯

認爲人生而平等，頒布《解放奴隸宣言》
南北戰爭大獲全勝，避免美國因內戰而分化
重新詮釋《獨立宣言》，帶領美國眞正走向開明
——美國總統第16任總統亞伯拉罕·林肯

潘于眞　著

崧燁文

目錄

目錄

故事導讀──告訴你一個林肯的故事

亞伯拉罕・林肯（西元一八〇九至一八六五年），美國第十六任總統，也被稱為「平民總統」。他領導了美國南北戰爭，頒布了《解放奴隸宣言》（The Emancipation Proclamation），維護了美國的統一，為美國在十九世紀躍居世界頭號工業強國開闢了道路，他被稱為「偉大的解放者」。

林肯出身貧寒，從小便嘗盡生活的艱辛。勞苦的經歷和生活的磨練也造就了這位偉人的鋼筋鐵骨，培養了他那超人的勇氣、毅力和自信，更賦予了他駕馭自身命運的魄力和體察民間疾苦的愛心。

在逆境之中，林肯不屈不撓，忍辱負重，帶領美利堅民族向恢復國家統一和解放黑奴的偉大目標穩步前進；在勝利之時，他不居功自傲，而是始終保持著謙虛質樸、寬厚仁慈的平民本色，以維護美國聯邦大業和民族國家的長遠利益為己任。

不幸的是，正當林肯總統準備著手推行他那寬大為懷的重建政策時，一名刺客的罪惡槍彈奪走了他的生命，同時也埋葬了他那崇高的理想。最終，他成為正義事業的偉大殉道者。

林肯是黑人的救世主、美國的英雄，甚至是全世界的偶像。縱觀林肯的一生，可以說是一部跌宕起伏的戲劇人生，開端平淡、發展曲折、高潮迭起、尾聲宏大，落幕時則贏得了無盡的掌聲。

本書從林肯的兒時生活開始寫起，一直追溯到他所從事的偉大事業及取得的輝煌成就，直至為正義事業而光榮獻身，再現了林肯具有傳奇色彩的一生，旨在讓讀者了解這位偉人不平凡的成長歷程，並從中獲取豐富的歷史知識和深刻的人生體驗。

第一章　貧困的童年

我不一定會勝利，但定會真誠行事。我不一定會成功，但會保持一貫的信念。我會與任何正直持平的人並肩而立。他對的時候，我會給予支持；他錯的時候，我肯定會離他而去。

——林肯

1

西元一八〇九年二月十二日凌晨，在美國肯塔基州哈丁郡霍金維爾（Hodgenville, Hardin County）附近的一間小木屋中，助產婆為產婦南希．漢克斯接生了一個小嬰兒。

誰能夠想到，這個出生在小木屋中的男孩，五十二年後竟然能夠成為美國第十六任總統及黑奴的救星！

小嬰兒的父親名叫湯瑪斯．林肯，是一個勤勞的拓荒者。一八〇七年二月，湯瑪斯與南希已經生育了一個女兒，名叫莎拉。現在這個孩子，是他們的第二個孩子。

「神把世界上最美好的寶物賜給了我們。」平時沉默寡言的湯瑪斯端詳著小嬰兒的臉，不禁感動地說出這句話。

湯瑪斯為這個天使般的小嬰兒取名為亞伯拉罕．林肯（Abraham Lincoln），這也是他父親的名字。早在與南希結婚的時候，湯瑪斯就迫切地希望能有個兒子，並決定將父親的名字亞伯拉罕．林肯留給兒子，以此來紀念他那被印第安人殺害的父親。

林肯出生後不久，湯瑪斯全家就駕著馬車搬到離霍金維爾不遠的諾蘭河平原。在這裡，湯瑪斯購買了兩百英畝的土地。

來這裡安家的拓荒者很多，在鄰居的幫助下，湯瑪斯修建了一棟帶有閣樓的小木

屋。在小木屋的外面，有一條著名的坎伯蘭小道。在這條小路上，經常有帶篷的卡車載著移民駛向遠方，兜售著雜貨的小販沿途高聲叫賣。有時，路上還會出現很多蓬頭垢面的奴隸，他們疲憊不堪地移動著腳步慢慢向前挪動。跟在他們後邊的，是高踞在馬背上的監工或奴隸販子。

就是在這樣的環境下，小林肯一天天地成長著。他在這裡學會了說話、走路，稍大一點時，他又會幫助姐姐做家務，開始提水、搬運劈柴、清掃爐灰。

農忙的時候，他還要跟隨父親一起去開荒種地。他們每天忙著砍樹、除草，在少得可憐的幾英畝土地上挖開長滿草根的荒地，然後種上莊稼。

他們平時吃的大多都是從附近的森林裡獵獲的野味，如鹿、熊、野鴨和野鵝等。晚上，小木屋裡用木柴、松明子和豬油照明，從春末到深秋，林肯和姐姐莎拉都是光著腳出去採摘榛果和其他的野果子回家。

在今天看來，林肯的童年生活過得並不幸福，沒有良好的生活條件，更談不上受到系統性的教育。然而，林肯卻從小就讀到了一本大書——廣闊的大自然。在這個高山深谷環抱的諾布河農場，林肯也養成了熱愛自然和熱愛勞動的樸實品格。

一轉眼，林肯便長到三歲了，他頭腦靈活，聰明可愛，鄰居們都很喜歡他，南希也十分喜歡這個小兒子。小林肯平時很喜歡黏著姐姐莎拉，也會幫助姐姐一起做些家務，

1

但只要看到樹枝上有松鼠時，他就會把工作扔在一邊，忙著撿石頭打松鼠。「這個孩子，就像耕地的農作物一樣，畢竟還是曠野中的孩子。」父親湯瑪斯笑著說。

不過，曠野裡的雜草絕不害怕風吹日晒，小林肯的身體也像這些雜草一樣，一天天長高、變得強壯。但他是個沉默寡言的孩子，除了莎拉之外，他很少與人暢談。

「這個孩子如果太像我，將來一定沒什麼出息。」湯瑪斯一邊端詳著樹下玩得正開心的小林肯，一邊笑著自言自語。

可是林肯並不完全像父親那樣不善於與人相處，對別人的談話，他總是能夠認真地傾聽。

很快，林肯就五歲了。南希覺得，應該讓兩個孩子上學讀書，可是湯瑪斯卻不大情願。他覺得對他們那樣的拓荒者家庭來說，讀書根本沒什麼用。孩子們只要勤快、會做事就行了。事實上，兩個逐漸長大的孩子也的確成了父母的好幫手。如果讓他們去上學了，不但要浪費錢，家裡的工作又讓誰來做呢？

但湯瑪斯拗不過固執的妻子，只好答應讓莎拉和林肯去上學。

學校離家裡有兩英里遠，林肯每天和姐姐都要在學校裡跟著老師練習讀書寫字。當時的課本，是韋伯斯特編寫的拼字課本，而做練習則通常用木炭東塗西抹來完成。

雖然湯瑪斯不情願孩子們上學，但當林肯用一根木炭寫出自己的名字時，湯瑪斯還是相當得意的。因為在當地，即便是在湯瑪斯眼裡很有文化的傳教士也不會寫出自己的名字，而現在，他的兒子能夠做到，這怎麼能不讓他得意呢？

林肯所在的這所學校並不是整年都上課的，老師每隔兩三個月就必須要到其他的開墾地去教書，因此這裡只能稱之為巡迴學校。

當林肯學會寫自己的名字時，學校的課業就結束了，因為老師必須要離開這裡，到別的地方去教課。

2

自從搬到諾蘭河平原之後，林肯一家人的生活就有了些許的改善，但也只是比以前稍微好一點而已，他們仍然很貧窮。小林肯依然要每天一大早起來，跟隨父母到田裡工作。

有一天，小林肯在播種時，突然心血來潮，在每個小洞裡都播下兩顆種子，結果田只播種了一半，種子就沒有了。

2

極少生氣的湯瑪斯，忍不住大罵林肯：「你這個笨蛋！今年的收成看來只有一半了！」

禍不單行。這天夜裡，突然狂風大作，下起了傾盆大雨，剛剛播好的種子就這樣被沖走了。現在，連一半的收穫都沒有了，一家人陷入了絕境。這時的林肯雖然年齡很小，但已經能夠體會到農民靠天吃飯的辛苦命運了。

雖然日子過得艱苦，但每當父子二人拖著又髒又累的身子回到家中時，母親早就做好了玉米湯等著他們。每天吃晚飯的時候，一家人圍坐在火爐旁，知識豐富的母親就會對孩子們講述一些自己少女時代讀過的故事，以及華盛頓總統的事蹟給他們聽。

聽著母親的故事，林肯渾身的疲勞就會一掃而光。在這塊沒有書本的土地上，母親便是林肯的百科辭典。

母親還是個信仰十分虔誠的人，她經常會讀聖經給孩子們聽。這時的林肯雖然還聽不懂其中的意思，但也能記住幾句。

有一段時間，母親南希總是感到將要有什麼不吉利的事情發生。果然有一天，湯瑪斯回來後，臉色很難看。

「出了什麼事嗎？」南希不安地問。

「看來我們要被趕走了，土地將被白白沒收。」湯瑪斯陰鬱地從口袋中掏出一個公文夾。

「但是，我們不是已經買下這塊地了嗎？我們是簽了契約的。」南希不解地說。

「沒有契約，那張契約還沒有發到我們的手中。我們確實買了土地，可是沒有用。真是倒楣！」

「這裡不能待下去了，印第安納是個最好的去處。」湯瑪斯嘆著氣，無奈地說。

林肯一家遷往印第安納州的原因，就是因為湯瑪斯在霍金維爾原諾蘭河農場和當地諾布河農場的產權問題上所打的兩場官司。當時，美國的奴隸制正在長盛不衰，哈丁郡的一個農場主在一八一六年就擁有五十八名黑人奴隸。

美洲的黑人奴隸制最早要追溯到一六一九年。那時，一批非洲黑人被販賣到南部的維吉尼亞州當奴隸。一七七五年至一七八三年的獨立戰爭後，美國人民雖然推翻了英國的殖民統治，但仍然沒能實現消滅奴隸制的這一民主革命進程。這樣一來，在美國就同時存在著兩種社會經濟制度，即北部的資本主義自由僱傭勞動制和南部的種植場黑人奴隸制。

正如亞伯拉罕·林肯後來所寫的那樣，他的父親湯瑪斯·林肯之所以決定舉家西遷到印第安納州，「部分是因為奴隸制問題，主要是因地契上的糾紛」。

2

一八一六年冬天來臨的時候，湯瑪斯．林肯一家便準備舉家遷徙到印第安納州。

這一年，林肯剛剛七歲。父親在決定遷徙後，便一連幾天都到山上去砍樹，然後鋸成木板，又花了幾天的工夫做成了一艘平底的小船。當時，林肯一心一意只想坐船出去玩，所以每天也都很勤快地幫父親的忙。

但最後，林肯卻沒能坐上船，因為小船做好後，父親立刻就載著糧食和行李順著河流出發了。

幾天後，父親回來了，可是並沒有坐著船回來，而是徒步回來的。

「我找到了一塊很大的土地。」湯瑪斯在向一家人宣布時，林肯的心思依然還繫在那艘小船上。

「爸爸，我們的船呢？」林肯問道。

「中途翻了。」

父親輕描淡寫地掩飾了這件不幸的事，但對林肯來說，坐船去遊玩是他盼望已久的事情，現在船沒有了，他實在相當失望！

不久之後，林肯一家便收拾行李準備再次搬家。窮人的家裡根本也沒什麼家具，幾口鍋、幾件餐具，再加上幾件舊衣服，就是全部的行李了。像他們這樣貧困的移民，連

馬車都沒有。

湯瑪斯和林肯共騎著一匹馬，母親和莎拉則騎著另外一匹，幾隻豬、幾隻牛羊，就由牧羊犬趕著跟在後面。

3

當時的印第安納州還是個人煙稀少的地方，一家人沿著俄亥俄河的河岸走了好幾天，才終於到達了距離俄亥俄河大約十六英里，靠近鴿子溪的一塊比較開闊的高地上。的確像父親所說的那樣，這裡是個好地方，每個丘陵上都有青翠的森林，山谷之中還有潺潺的小溪，可以稱得上是青山綠水了。

父親選了一處樹木比較稀少的地方，砍伐木材，搭建了一棟簡單的圓木小屋。

一家人剛住進去沒多久，十二月初，天氣便日漸冷了起來，風霜雪雨也開始不斷地襲擊著這個拓荒者簡陋的新居。他們的居住地離水源較遠，加上食物很少，沒有水果，沒有蔬菜，沒有……缺少的東西太多了，這就讓人更加體會生活的艱辛。

父親每天都要到森林裡去打獵，因為除了獸肉之外，再也沒有其他可以吃的東西了。每當連續下幾天的大雪，野獸不知道躲在哪裡去時，一家人就只能挨餓。

3

小木屋被積雪掩埋的日子實在痛苦，年幼的林肯必須負責每天的挑水工作。他得抱著水桶走在深及膝蓋的雪地裡，到河邊舀到河水之後再走回來，一雙小手總是凍得又紅又腫。

一天又一天，好不容易熬過了冬天，等來了溫暖的春天。

當積雪融化，露出下面的黑土時，父親便到森林裡去砍樹，其中較大的木頭留著以後蓋房子用，小一點的就當柴火。父親負責砍樹，母親、姐姐莎拉和林肯便負責一趟一趟地把木材從森林裡拖回來。

樹木砍掉後，還要花上幾天的時間把留著泥土中的樹根挖掉，然後再用鐵鍬把土地挖鬆。

這是十分艱辛的一年。他們要開墾荒地，要在少得可憐的幾英畝荒地上把樹砍掉，還要除掉雜草，然後種上農作物。

這也是一項艱苦和細緻的工作，一家人有時要全部出動，林肯和莎拉跟隨父母用小鏟子一點點地挖出長滿草根的荒地。兩個孩子的手上不時地磨出血泡來，莎拉會跑到媽媽那裡讓她看，而小林肯卻悶不作聲，繼續工作。在開墾地成長的林肯一直認為，小孩子這樣工作是應該的。

艱難的歲月，讓孩子們很早就變得成熟起來。

經過辛苦的整理後，湯瑪斯一家終於開墾出一小塊土地，然後在地裡種下玉米和小麥的種子，只要有收穫，下一個冬季一家人就不會挨餓了。

夏季來臨時，湯瑪斯又蓋了一棟比較堅固的房子。為了防風，父親連牆壁上的窗戶都沒有留，這樣冬天就不用怕冷了。在房子的旁邊，湯瑪斯還加蓋了一座牲畜欄，用剩下的一點錢買了一頭乳牛回來飼養。為了照顧家中的馬、羊、豬和乳牛，莎拉和林肯每天都忙得不可開交。

第二年，當春天再次來臨時，湯瑪斯一家所擁有的田地已經很大了，一家人也已經習慣了新的生活。

「幸虧我們搬到印第安納來了，否則日子真的不知道會苦到什麼程度。」湯瑪斯愉快地想著，他相信幸福之神已經降臨了。

在這裡，也有巡迴老師所設立的臨時學校，南希再次萌發了要送孩子們去讀書的念頭。她不想讓孩子們像她和丈夫一樣，做一輩子的文盲，希望孩子們能夠成為知書達理的人。

這一次，湯瑪斯還是反對：

3

「讀書有什麼用呢？我看林肯雖然長得高，但骨架倒是粗壯，以後會是個工作的好手，做個獵人什麼都可以的，這樣也能為我們省點錢。」

「不！」誰知小林肯在一旁插話了，「爸爸，我要去上學，我喜歡讀書。」

這可能也是林肯第一次公開地對父親說「不」，令湯瑪斯吃驚不已。

在母親南希和林肯自己的堅持下，林肯和姐姐莎拉終於如願以償地再次上學了。

這裡的學校離家很遠，道路也崎嶇不平。林肯的草鞋早就穿壞了，遇到下雨天，他就只能光著腳走路。

上學時，林肯戴著一頂松鼠皮的帽子，穿著鹿皮褲子。褲子短得可憐，褲腳離腳面很遠，於是，一段又瘦又青的脛骨就每天暴露在風雪當中。

上課是在一間殘破的木屋當中，沒有窗戶，每面牆上留一點空間，再糊上油紙，便於光線進來。桌椅也都是用劈開的木頭做的。

就是在這樣艱苦的條件下，林肯對學習產生了濃厚的興趣。在學校上課時間短，他就把功課帶回家做。紙張昂貴而稀少，他就用木炭在板子上寫字或計算。買不起課本，他就向別人借一本，然後抄寫在信紙上，再用細繩縫起來，……

就這樣，林肯在印第安納州度過了三年艱辛而貧困的童年時光。

第二章　母親病逝

你可以在某些時間裡欺騙所有的人，也可以在所有的時間裡去欺騙某些人，但你絕不能在所有的時間裡欺騙所有的人。

——林肯

1

一八一六年冬，與湯瑪斯．林肯一家蜂擁而來到印第安納州的，還有很多其他地方的移民。他們或坐著大車穿過東部山脈的隘口，或乘坐平底船、駁船和汽艇沿著俄亥俄河向西部湧來，爭相購買每英畝兩美元的國有土地。因此，在通往西部的道路和移民踩出的小徑上，到處都是被遺棄的破車輪胎、輪圈、生鏽的鐵鍋，以及餓殍骷髏和凍斃、病死的人獸枯骨。大批的移民因染上傳染疾病，或因連續陰雨、大風雪而倒斃道旁的比比皆是。

不過，像林肯一家憑藉頑強的意志和不屈的毅力到達鴿子河畔，並且最後安定下來的幸運兒，也還是不少的。一八一六年，印第安納以一個獨立的州加入了美國聯邦。

其實早在一七八一年美國獨立後，便制定並實施了第一部憲法——《邦聯條例》(Articles of Confederation and Perpetual Union)。條例中規定：美國是一個邦聯制國家，由十三個獨立的州組成。當時，由於中央政府權力有限，邦聯會議主席只能透過各州的行政當局去行使權力。

一七八七年，美國國會通過了新的憲法，將邦聯制改為聯邦制，大大地加強了聯邦政府的權力。同時憲法還規定：俄亥俄河西北各墾殖區的居民人數只要達到六萬人，即可取得獨立州的資格而參加聯邦，與原有的十三個州享有同等的權利。

正是由於當時的印第安納州已經具備了加入聯邦的條件，幼小的林肯開始思索這樣的問題：

「聯邦？聯邦到底是個什麼東西？」

在林肯上學的小路上，要路過一排高大的木屋。每天，他都能看到一些戴著腳鐐的奴隸在木屋外的田野中勞作。他們都有著一雙雙被痛苦折磨得失神的眼睛。小林肯不明白，為什麼父親和自己在工作時不用戴上腳鐐，而他們卻要戴上。戴著這麼沉重的東西工作，多影響工作效率呀！

「媽媽，那些黑人為什麼要戴上腳鐐呢？」林肯不解地問南希。

「因為他們是黑人，是奴隸。」

「奴隸？為什麼他們是奴隸呢？」

「因為他們沒有自由，這些事情你以後會慢慢明白的。」

林肯不再問了，而是沉默地看著遠方的樹木和延伸的地平線，若有所思。

與此同時，小林肯也經常聽到大人們議論「奴隸」、「解放」、「自由」等話題。

「解放就是獲得自由。自由，你知道嗎？就是每個人都屬於自己，不再屬於別人；

就是每天都回到自己的家，做自己的事，不受別人的驅趕，不受別人的辱罵。我們，包括那些黑皮膚的奴隸們，都應該成為這樣的人！」

……

多麼美好的語言，「自由」、「解放」，這些字眼在林肯聽來，好像是一道光在他的面前劃過一般。只是，現在有太多的東西他還不明白、不理解……

大腦中積累的問題越多，林肯對知識的渴望就越強烈。然而，對於一個貧困的家庭來說，林肯是沒有機會讀到更多的書籍的。當時，《聖經》是家中唯一的書籍，林肯將它當做了自己的啟蒙讀物。沒想到的是，這本書竟然成為母親留給他的最後遺物。

2

一八一八年的夏天，印第安納州的牲畜突然得了一種怪病，莫名其妙地就死掉了不少。鴿子溪的牲畜死得差不多時，同樣的情況開始在人的身上出現。那時的醫療條件十分貧乏，一旦患病，往往都是無藥可醫。很多人都染上了這種怪病，頭暈噁心、口渴腹痛，不久就會痛苦地死去。有時甚至全家乃至整個村子的生命一併消逝。

這種怪病的病因，直到十九世紀初人們才找到。原來，當地有一種植物名叫白蛇根草（White snakeroot），它含有佩蘭毒素（tremetol），牛羊等動物一旦吃了這種草，就會中毒患病。而透過牛奶，這種病毒又會傳染到人身上，通常只要一週的時間就會奪取人的生命。

這種病後來被通稱為乳毒病（milk sickness）。它在鴿子溪一帶肆虐，奪去了許多人的生命。不幸的是，這年的十月，林肯的母親南希也被染上了乳毒病，她不停地發著高燒，雙唇發白，呼吸困難，痛苦在躺著床上呻吟著。

十月五日這一天，母親戀戀不捨地拉著莎拉和小林肯的手，永遠地離開了人世。田地剛剛開墾好，滿以為從此可以過上好日子了，母親卻無法享受，命運真的是太殘酷了！

湯瑪斯默默地到森林裡砍樹，然後鋸成木板，做了一副棺材，將妻子埋葬了。南希的墓就在一棵大樹的下面，由於沒有牧師，便由一位識字的人念了一段《聖經》，然後大家合唱讚美歌。母親的葬禮就這樣簡單地結束了，從此，莎拉和小林肯變成了沒有母親的孩子。

在開墾的土地上，每個人都必須辛勞地工作才能生存。在大自然中開闢新的土地，聽起來多麼平常，然而其中又隱藏了無數的心酸！很多拓荒者都是窮人，吃不飽、穿不暖，卻又必須辛勤的工作，因此許多身體羸弱的人往往過不了多久就會倒地不起。

林肯的母親就是這樣一位吃盡苦頭的貧苦農民。可是，她雖然去世了，她的虔誠和慈愛，卻永遠留在林肯的心中。

南希去世後，家中的重擔便落在莎拉和林肯兩個孩子的身上。好在不到十二歲的莎拉很能幹，做飯、洗衣、紡紗，樣樣都能做得井井有條。林肯則負責打水，每天要走上一英里的路才能把水打回來。生活的艱辛，可想而知。

自從母親死後，家裡也突然變得冷清起來，一向就不愛說話的林肯和父親湯瑪斯從此也變得更加沉默了。尤其對於只有九歲林肯來說，世界已經變了樣。他那幼小的心靈裡過去還有著太多的依賴感，而現在，那個照亮他世界的親人走了……

母親剛剛去世時，林肯做每件事都會想到母親談笑時的容貌和神態。白天，他隨父親去工作時，會經常不由自主地朝埋葬母親的那個小山丘張望；晚上，他最喜歡吃完飯後，點亮壁燈，開始朗讀《聖經》，這會給他一種溫暖的感覺，就像母親在他身旁一樣。林肯對母親的思念，無法言表。

一八一九年二月，這是一個不尋常的月分，因為莎拉的生日快到了，林肯也馬上要過十歲的生日了，而二月五日是他們的母親南希的生日。每年這個時候，是一家人非常

歡快的日子，可今年不同了，全家人依然沒有擺脫那種失去親人的悲傷感，痛苦仍時時襲擊著每個人的心靈。

是的，隨著母親南希的去世，家中的笑聲沒有了。滿懷沮喪情緒承擔著沉重家務的莎拉，以及常常在噩夢中被叫醒的林肯，在南希走後的好長一段日子裡，都陷入了一種難以控制的孤獨和痛苦感當中。

3

有一天，父親湯瑪斯說要出門幾天，莎拉只好獨自一個人煮東西，林肯則到外面劈柴。

父親說是出門幾天就回來的，可是這次出去好幾天也沒有回來，姐弟倆只好每天生活在清苦的家中等待父親回來的消息。

這一天早晨，姐弟倆正在田地裡工作，忽然莎拉聽到遠處傳來一陣急促的馬蹄聲。

「你聽，有什麼人向我們這邊來了！」莎拉呼喚林肯。

林肯放下手中的斧頭，也側著耳朵認真傾聽著。

「沒錯，那是馬車在石子路上經過的聲音。」

3

不一會兒，大道上就有一輛駟馬套車飛馳而來。當車駛近後，莎拉和林肯看到從車上跳下來的人，竟然是自己日夜盼望中的父親。

「啊，爸爸回來了！」莎拉和林肯開心地跑向湯瑪斯。

隨後，從車上又下來一位陌生的少婦，以及尾隨她的三個小孩子。這讓姐弟倆又暗暗納悶起來：

「他們是誰？來我們家裡做什麼？」

父親看出了姐弟倆眼中的那一串串問號，便趕緊向他們介紹說：

「孩子們，一起到這邊來。這一位，就是你們的新媽媽！」

林肯第一次見到了所謂的繼母，著實嚇了一跳。他目不轉睛地盯著這個陌生的女人和她的三個孩子。

這時，新來的女人微笑著說：

「我想，我要做一個你們真正的母親。不過，不知道你們是不是真心喜歡我，如果我喜歡你們的話？」

「我正在想，最好我們能夠像其他孩子一樣，有一個媽媽。」莎拉回答說。

可是，林肯的回答卻有些含糊，他只是低聲說：

「嗯，我也會盡量做個好孩子。」

「這個孩子可真老實。」繼母聽完林肯的話，微笑著說。

隨後，湯瑪斯向莎拉和林肯介紹了繼母的三個孩子，老大已經十二歲了，名叫莎莉．伊莉莎白，老二叫馬蒂爾達，最小的男孩叫約翰．斯頓。

「從今天起，我們就是一家人了，所以大家要好好相處。」繼母微笑著對孩子們說。

莎拉和林肯感到有些難為情，不敢上前與三個孩子一起握手擁抱。繼母看到這個情形後，立即從行李中拿出新衣服，讓莎拉和林肯換上，然後又一邊為莎拉梳理頭髮，一邊說：

「看看，多漂亮的小女孩！」

大家一齊動手，從車上卸下了一大堆的家具：一床羽毛褥墊、幾個枕頭、一張核桃木黑櫃、一張桌子、幾把椅子、一口大衣箱，還有鍋、壺、刀、叉、湯匙等炊具和餐具等。雖然這些東西都不是什麼奢侈品，但對從小就睡在鋪著枯葉的床上，穿著滿是補丁衣服的林肯姐弟來說，繼母帶來的每一件東西都簡直太精美了。

當晚，莎拉和林肯睡在柔軟的床上，簡直像是置身於夢境一樣。

原本孤寂冷清的小屋子，現在一下子變成了七口人的大家庭了。繼母是個勤快的女人，在她的整頓下，僅僅幾天的工夫，家裡就已經煥然一新了。不過，這座小屋子要住下七個人的確有點擁擠，於是湯瑪斯又計劃著再建一棟新房子。

這一切對於小小年紀的林肯來說，簡直是莫大的幸福了。因為新來的媽媽的確是真心疼愛林肯的；而林肯自己，也的確是個很懂事的孩子。繼母不僅給予小林肯溫厚的母愛，更重要的是鼓舞了他那爭強好勝和自力更生的進取心。

後來，林肯在當選美國總統的時候，還非常懷念他的這段少年時光，並認為自己之所以能夠當上總統，完全是得益於母親的教誨。

當有人問他：

「你說的是哪一位母親？是你的親生母親，還是撫養你長大的那個繼母？」

林肯嚴肅地回答說：

「我的母親只有一個！當我的生母去世，繼母未來到我家前的半年中，我們生活得很慘！而這個繼母和我的生母完全一樣，所以，我也將她當成是我自己的親生母親。」

第三章　求學與謀生

凡是不給別人自由的人，他們自己就不應該得到自由，而且在公正的上帝統治下，他們也是不能長遠地保持住自由的。

——林肯

1

自從繼母來了以後，林肯一家的生活有了很大的改觀，雖然依然貧困，但繼母很善於打理生活，而且烹調手藝不錯。和以前一樣，家裡主要吃的就是玉米、馬鈴薯、乳酪以及火腿等，但繼母每天做出的菜式和味道都有變化，這讓大家每頓飯都吃得津津有味。

更讓小林肯感到快樂的是，繼母的行李中有好幾本書，都是少年讀物，書不但很新，裡面的字又大又清晰，而且都是《伊索寓言》、《魯賓遜漂流記》一類的有趣故事。

林肯一有空，就坐在樹下讀書，遇到不懂的地方就去問繼母。父親湯瑪斯對此不屑一顧，嘲笑林肯說：

「這些東西有什麼可看的？」

就這樣，原本只認識幾個字母的林肯，已經漸漸從書中認識很多字詞了。繼母見林肯這樣好學，又很聰明，因此當巡迴教學的老師再次來臨時，她說服了丈夫湯瑪斯，堅持要送林肯去上學讀書。

就這樣，一八二〇年，在小林肯十一歲的時候，他又獲得了一次上學的機會。這次機會十分來之不易，是繼母極力勸說父親，才為林肯爭取到了再次讀書的機會。

不過，那時的鴿子溪地處荒僻，學校的師資條件很差。即便是開學，也只能在冬季的農事休閒時，偶爾也有本身文化素養很差的教師來到鴿子溪，只教孩子們一些讀、寫、算之類的基礎知識；老師一走，學校也就隨之關門大吉了。因此多年以後，亞伯拉罕．林肯在回憶當時的情景時說：

「在這一時期，我全部上學的時間加在一起還不到一年。」

儘管林肯真正在學校受教育的時間很短，但他卻養成了勤奮好學的習慣。他酷愛讀書，只要能找得到的書，他都要拿來仔細地閱讀。多年後，他的表哥鄧尼斯．漢克斯在回憶中說：

「我從來沒見到他不隨身攜帶書本的。他把書塞在襯衫裡，把玉米餅裝滿褲袋就耕地去了，中午時他就坐在樹下邊讀邊吃。晚上回家，他把椅子往煙囪邊一放，背靠著牆就能讀起書來。」

有時沒有書可讀時，林肯就步行好遠去別人家借書來閱讀。據林肯後來回憶稱，在借來閱讀的書當中，有一本是帕森．威姆斯（Parson Weems）所撰寫的《華盛頓傳》（The Life of Washington），給他的印象最為深刻。在那陰沉的歲月裡，書籍給林肯的生活帶來了光明和歡愉，林肯也從讀書中汲取了大量的精神財富，乃至真正領悟到：一

1

個人事業的成功，全靠鍥而不捨、始終不懈的追求和腳踏實地、艱苦卓絕的奮鬥。

同齡的小夥伴們對林肯如此癡迷於讀書、沉醉於塗寫的行為大為不解，甚至大多數的農村少年都認為林肯個性「古怪」。因為他不僅自己埋頭讀書，用木炭在鐵鍬上塗塗畫畫，還會在讀過《肯塔基教師》這本書後提出疑問：

「誰最有權利進行控訴？是印第安人還是黑人？」

隨後，他還會在玉米地裡向眾人大發議論，滔滔不絕地說個沒完沒了。

當然，林肯還是要經常與父親一起在田地裡工作。但工作以外的其他時間，他很少有無所事事的時候。他喜歡隨便問別人一下問題，這也是林肯獲取知識的另外一種方式，這種方法與讀書同樣受用。關於奴隸制、聯邦政府、宗教等社會問題，一般同齡的孩子很少探詢，甚至根本就不關心，可林肯卻表現得十分有興趣，因為這些都是他不理解的問題，凡是不理解的他都要去弄清楚。

平時大人們在談話時，林肯也會安靜地待在一旁仔細傾聽，並且一刻不停地轉動腦筋，思考著其中的道理。一些難懂的概念、想法常常讓他寢食難安，但他仍然不願意放棄學習各種知識的機會，總是細心琢磨，並向別人詢問。林肯後來在回憶自己小時候如何學習時說，在面對一些不懂的問題時，「直到我用自己認為對任何人都是通俗易懂的話來解釋它為止」。

在這一次學校關門，林肯離開學校之後，他就再也沒有機會長時間地在學校裡讀書了。而林肯後來所掌握的豐富的知識，都是他自己長期勤勉不倦地自學的結果。

2

在這個時期，原本寂靜的印第安納州也逐漸熱鬧起來，這裡的移民越來越多，丘陵上到處都是一座座的小木屋。

小木屋蓋好後，接下來就是開墾田地了。這種繁重的工作，人手再多有時也忙不過來。

有一天，林肯從外面回來，看到父親正在與一位最近才來的移民談話。看到林肯回來後，父親便對他說：

「這位先生聽說你很勤快，想僱用你，你覺得怎麼樣？我想，你幫助別人做點事也不錯。」

第二天，林肯就到這戶人家去工作了。他隨著主人的意思挖土、耕地、砍柴……一天的工資是十六美分。雖然數目很少，但對家裡卻是很大的幫助。

2

父親有時會偷偷去觀察林肯的工作情況，他經常看到林肯在休息時間對其他的工人高談闊論，工人們也似乎聽得津津有味。父親覺得很奇怪：

「這個孩子在家裡一句話都不說，現在到底在跟那些人說什麼呢？」

原來，林肯正模仿牧師口若懸河地講演，大家都覺得很有趣，而林肯自己更是一副很享受、很快活的樣子。

林肯十四歲的時候，當地有人開了一家雜貨店，販賣食品、農具、衣服等。店主很欣賞林肯的勤勞，就想請他來做店員。

父親感到很懷疑：

「他能勝任這份工作嗎？他根本不會與人打交道！」

可是林肯卻答應了。這個在荒野中長大，平時沉默寡言的孩子，居然當起了店員，而且還能親切地招待客人，使店內經常充滿了笑聲，雜貨店的生意也越來越好。

事實上，過去林肯話很少，是因為他整天與大自然為伍，缺少說話的條件。其實林肯很喜歡店裡的工作，因為這裡經常出入各種各樣的人，他也能聽到許多新鮮事。而最令林肯高興的，是店裡訂有報紙。透過閱讀每天的報紙，林肯可以了解很多關於外面的世界。

在這裡，林肯還認識了一位城裡法院的法官，名叫皮賈。皮賈見林肯很喜歡讀書，就對他說：

「我有一些你看得懂的書，可以借給你看。」

這些書有《天方夜譚》、《天路歷程》、《富蘭克林的生平》、《哈姆雷特》等。同時，林肯還設法讀到了傑克森總統的首次就職演說、莫里斯在亞歷山大．漢彌爾頓（Alexander Hamilton）葬禮上的發言、長達近五百頁的印第安納州修正法典等等。而對林肯產生重大影響的，還有史考特所編寫的《演說法教程》，這讓林肯開始用心地研究起語言表達的精髓來。

拓荒者的生活是既平凡又單調的，同樣，林肯的少年時代也很平凡。不過，在這種平淡的日子中，林肯大腦中的知識卻逐日增多。

那時的林肯還不知道這些知識到底有什麼用處，他只是發現自己看的書越多，不懂的事也越多。更讓他感到懊惱的是，沒有人可以請教，不管遇到什麼問題，都要依靠自己的能力去判斷。

林肯十六歲那年，他的姐姐莎拉出嫁了。可惜的是，她在第二年就因病去世了。這位從小就與林肯相親相愛、同甘共苦的姐姐，如此年輕就離開了人世，使林肯心中的悲痛比母親去世時更加深重。

姐姐的去世，也是林肯在少年時代即將結束時最為傷感的一件事。

3

隨著歲月的流逝，林肯長大了。十七歲時，他的身高已近六英尺四英寸（約一百九十三公分），手臂修長，肌肉健壯，臂力過人。雖然每天的戶外勞動使他十分睏倦，但他還是如饑似渴地閱讀所能找到的任何一切書籍。

有一次，林肯赤著腳徒步二十英里去借一本關於印第安納法律的書。後來去田間耕作時，他就經常隨身帶著這本書，在工作到當地，馬匹需要休息一會時，他就會利用這些時間閱讀。

他還常常步行十五英里的路，到一個法院去聽律師們的辯護詞，看他們如何辯論，如何做手勢。這些觀摩學習，都為他日後成為一個卓越的演說家打下了堅實的基礎。

父親湯瑪斯不贊同林肯讀這麼多的書。他認為，讀書和工作根本沒關係，而且讀書只會令林肯變懶。但心地善良的繼母卻不這樣認為，她認為湯瑪斯應該允許孩子堅持自己的人生之路。

繼母是一個精明能幹的女人，她做得一手好針線活，還很會理家，對林肯也很關心，經常鼓勵他多讀書，教他做一個誠實善良的人。當林肯心中有煩惱的時候，繼母總是安慰他，幫他化解胸中的苦惱。林肯在後來的回憶中，也對這位繼母充滿了感激與敬仰。

林肯在田間耕作時，經常帶著一本叫做《奎因的笑話集》的書。每次當他坐在木頭上高聲朗讀其中的某一部分時，樹林中他的聽眾就會捧腹大笑。然而，田間的雜草卻沒有因為林肯的勤奮好學而減少，反而日益蔓延起來。

那些僱用林肯的農夫也開始埋怨林肯太懶惰，他也承認。

「我的父親教我工作，」林肯說，「可他從未教我如何愛它。」

有一天，林肯繼續在田間講笑話和演講時，被父親湯瑪斯看到了。他當著眾人的面，上前就給了林肯一個響亮的耳光，並把林肯打倒在地。

林肯傷心地哭了，卻一言不發。從此以後，父子之間便有了隔閡，甚至這種隔閡一直延續到他們生命的盡頭。湯瑪斯年老後，林肯在經濟上雖然對父親有所接濟，但直到父親臨去世前，這個兒子也沒有去探望過他。

林肯喜歡在田間工作，但他了解這種開墾的工作必須要付出很大的代價才能完成。

住在荒野之中，有時還會受到野獸的襲擊，有時會被印第安人攻掠。如果遇到暴風雨肆虐，河水氾濫成災，辛苦開墾的土地就會蕩然無存。相反，如果久旱無雨，土地就會乾涸，農作物就會枯死。

而且，開墾區還缺乏學校，小孩子們像原始人一樣無知。還缺乏醫院和醫生，一旦不幸得了重病，就無藥可醫，自己親愛的母親和姐姐都是因此失去了生命的。

所以，林肯最大的心願，就是設法使開墾區成為較易生存的地方，並且改善拓荒者的生活，但這個願望在當時根本無法實現。

林肯知道，自己已經長大了，必須依靠自己的能力去生活。於是，他就與父親商量，準備到俄亥俄河岸的農場去工作賺錢。

湯瑪斯答應了林肯的請求，這也是林肯第一次離開父親去自力更生。

4

俄亥俄河是密西西比河的支流。雖然是支流，但它卻算得上是一條大河，當時有很多船隻在河上行使。這時，美國的開墾地已經擴展到密西西比河的西部了。當時的美國，就像一顆不斷膨脹的氣球一樣，一再擴張領土，政治與經濟也在不斷地發展。移民

者越來越多，這些移民者不僅有英國的農民，還有荷蘭、德國、義大利等地的農民。所以，橫渡大西洋的船隻在這裡就從來沒有中斷過。隨著拓荒者的增加，密西西比河兩旁也形成了許多較大的城市。

林肯離開家，到達俄亥俄河岸後，就住在俄亥俄河的旁邊。每隔幾天，他就能看到裝有水車的氣船駛來。

這種汽船是在西元一八〇七年由羅伯特．富爾頓（Robert Fulton）所發明的。在船的兩側裝有大型的水車，靠水車的旋轉力量來推動船向前行走。

每次汽船駛來，船上、甲板上都站滿了人，有商人、移民、旅人等等。林肯每次看到汽船，心裡都十分憧憬。

有一天，林肯划著借來的小船在河邊休息，突然跑來兩個人，氣喘吁吁地對林肯說：

「拜託，我們錯過了時間，船已經開走了，請你送我們過河去好嗎？」

兩人邊說，邊用手指著停在河中央的大氣船。

林肯答應了兩個人的請求，將兩個人送了過去。

到了汽船上後，兩個人給了林肯兩枚五毛錢的硬幣，作為渡船費。

4

林肯看著手裡的錢，感到像是在做夢一樣。自己平時辛苦做一天農活也只能得到三十五美分，而現在不過是載人一次，居然就得到了一美元！

本來只知道埋頭工作的林肯，現在終於改變了想法。他立刻湊錢買了一條小船，開始做起船夫來。

原來，這條大街直對著河流，卻沒有設立碼頭，想要渡河的話，就必須要到稍遠的下流去搭船。現在這裡設了一個渡口，大家都覺得十分方便。所以，林肯的這一招很成功，來乘船的人很多，有時他甚至忙不過來。

在俄亥俄河的對岸的肯塔基州也有船夫，他們是一對名叫迪爾的兄弟。

有一天，迪爾兄弟找到林肯，上前抓住林肯就大罵起來：

「你這個小鬼，你搶了我們的生意，我要你好看！」

林肯用力一甩，就甩開了他們的糾纏。但迪爾兄弟並不甘休，威脅林肯說：

「你的生意是違法的，我們要到警察局告你！」

林肯便跟著他們來到了警察局。

根據肯塔基州的法律規定，做渡船生意必須經過政府的許可才行。一位名叫貝特的治安官在聽了迪爾兄弟的控訴後，又聽了林肯的陳述，認為林肯在印第安州那邊做生意，並沒有觸犯肯塔基州的法律，因此並沒有處罰林肯。

迪爾兄弟雖然不服，但也沒辦法，只好悻悻地離開了。

隨後，貝特對林肯說：

「你難道不懂法律嗎？一個再誠實的人，不懂法律也是要吃虧的！」

林肯這才知道，國家是有法律的，而每個州也有自己的法律。從那以後，林肯便經常到肯塔基州去向貝特請教有關法律的問題。在他的心中，又有了新的憧憬。

兩年之後，十九歲的林肯意外地獲得了一次長途旅行的機會。

詹姆斯．金特里是當時的一個大農場主兼業主，控管著俄亥俄河畔的一處碼頭。經過對十九歲的林肯多方了解後，他確信林肯精明能幹、誠實可靠，於是就僱傭林肯當他的貨船水手。

金特里準備要裝一船農產品沿密西西比河運到紐奧良去出售。為了慎重起見，他讓林肯跟自己的兒子艾倫一起去。他們把貨物裝上船後，便沿著這條大河順流而下，向紐奧良出發。

到達紐奧良後，林肯第一次目睹了如此巨大的國際港口城市，這所城市也給了他新的感受。這裡既有小巧玲瓏的古雅樓房和耗資巨萬的高聳華廈，又有擁擠不堪的貧民土

4

窟和雜亂無章的簡陋小屋；城裡既有寬闊平坦的馬路和貨積如山的碼頭，又有狹窄污穢的小巷和垃圾遍地的街道。

在種植場主、公務人員、外國客商、海員水手和碼頭工人中間，偶爾也能瞥見一些自由的黑人，但更多的卻是身帶鎖鏈的黑人奴隸。他們成群結隊地被押著匆匆地走過街頭，被送到一些擁有千畝土地的棉花種植場，其後跟著的是手持鞭子的殘忍的奴隸販子。

兩個月後，林肯告別了紐奧良，回到詹姆斯．金特里農場。此後，林肯更加渴望到新世界裡去闖蕩，而不是希望繼續在偏僻的鄉村中默默無聞。只是，此時他沒有更多的機會出去。所以一八二九年的一年，林肯都是在幫金特里先生看店，生活倒也算順利。

第四章　外出闖蕩世界

我這個人走得慢，但從不後退。

——林肯

1

一八三〇年的冬天，可怕的乳毒病再一次侵襲到印第安納州。這讓湯瑪斯一家感到十分恐懼和沮喪，於是，父親湯瑪斯決定再次西遷，將全家搬到亡妻南希的堂弟約翰・漢克斯落腳的伊利諾州梅肯郡（Macon County）。

那年的三月一日清晨，湯瑪斯・林肯收拾好簡單的行裝後便啟程了。兩輛牛駕大車和一輛駟馬套車載著這個漂泊不定的大家庭，旅途奔波勞苦，向西部緩慢駛去。當時，地面上還殘存著冬天的冰雪，這使得整個旅程都顯得緩慢且令人厭煩。經過兩百多英里的長途跋涉，湯瑪斯一家終於到達了目的地，並找到了約翰・漢克斯。約翰帶著湯瑪斯一家人來到梅肯郡迪凱特（Decatur）西南十英里處的桑加蒙河北岸。那是約翰為他們預先選好的新農場。

一家人利用約翰早已砍伐好的圓木，動手蓋起了一棟新的住房、一間牲畜棚和一間燻肉房，還有廚房等一切附屬設施。又在房屋的四周圍上柵欄，種上玉米，並且還開墾了十五英畝土地。這樣，新家算是初具規模了。

與此同時，美國的國會卻正在以沉重的氣氛爭論著一個州政府是否有權退出聯邦政府的嚴重問題。在那次辯論當中，美國上議院丹尼爾・韋伯斯特（Daniel Webster）以他沉重而又像鈴聲一樣的聲音發表了一場演說。他就是後來被林肯認為「美國演說中最優秀的楷模」。

在那被稱為「韋伯斯特對海恩的答覆」中，其末尾有名的幾句話，是林肯後來奉為自己政治信仰的依據：

「自由和聯邦，現今和永久，是一體而不可分割的！」

然而，最後這個暴風雨般的聯邦案件，還是要等待三分之一個世紀後才能解決。但解決者並不是靠著大有能力的韋伯斯特，而是靠著一個笨拙而又身無分文，此刻正在艱難生活線上掙扎的墾荒者。此刻，他正趕著牛車，走在遷往伊利諾州的路上……

在桑加蒙河北岸安頓下來之後，湯瑪斯一家的生活與過去沒什麼兩樣：砍伐樹木，建立一個小屋子，開闢田地，播上種子，等待秋天的收穫。而且，一家人的生活依然貧困。

林肯在幫父親開墾好田地之後，便萌生了獨自出去闖一闖的念頭。林肯從未有過什麼土地，而且從來也沒想過要擁有土地。他已經在農場生活了二十年，嘗盡了墾荒農耕的辛酸。而且，他也厭惡那種過分勞碌和單調乏味的生活，而一種渴望要得到聲望以及與其他社會人士交往的欲望，也促使他想要得到一份自己喜歡的工作，能夠讓他見到他人，並吸收一些聽眾，並讓他們為他的故事而拍手喝采。

2

一八三一年五月，林肯的舅舅約翰·漢克斯與一位名叫丹頓·奧福特的生意人簽訂了一份合約。漢克斯將經由水路運送一批貨物到紐奧良去出售，他順便帶上二十二歲的亞伯拉罕·林肯和他的同齡異母的弟弟約翰·斯頓一同前往紐奧良。

第二次登上紐奧良的碼頭，眼前的景物與三年前首次見到的幾乎沒有太大的變化。這個渾身煥發著青春活力的拓荒青年，面對大都市的花花世界彷彿無動於衷。唯一令林肯驚心動魄的，是那些映入眼簾的眾多奴隸販子的廣告：

「願出高價購買各種黑人，並即付現金；也可以代客銷售，收取傭金。備有專存黑人的圈欄和囚籠。」

「出售十至十八歲小妞數名，二十四歲的青年婦女一名，二十五歲的能幹女人一名，外帶三個壯實小孩。」

「購買十八至二十五歲身體結實的黑人二十五名，男女均可，肯出高價，現金。」

……

林肯的舅舅約翰·漢克斯後來在回憶當時的情景時說：

「當時，我們看見很多黑人都被鐵鍊鎖住，挨皮鞭抽打，備受折磨，真是於心不忍，林肯更是顯得坐立不安。他激動得一言不發，臉色十分難看，目光呆滯，彷彿在思索著什麼。我敢說，正是這次航行才形成了他對奴隸制的看法。實際情況也的確是這樣的，因為我經常聽他說，一八三一年五月他所看到的一切刺痛了他的心。」

當他們經過一個奴隸拍賣所並看到一次黑奴大拍賣時，林肯感到了一種難以遏止的厭惡。一個黑白混血的漂亮女孩正被拴在一根木樁上，她要忍受著挑選者的掐捏，這不免讓她疼痛難耐地又蹦又跳。出價購買者還以一種對待牲畜的方式，讓她在一個小房間中像馬一樣跑來跑去。他們在挑剔著，彷彿她是貨物或者一種動物，唯獨不是人。

這個時候，林肯說，如果他將來有機會，那麼他所給予這個制度的懲罰一定是致命的！

一個月後，林肯懷著一種悲憤的心情離開紐奧良，乘汽輪沿密西西河溯流而上。他要去一個新的地方——新塞勒姆村，因為按照合約的規定，丹頓·奧福特將在那裡開設商店和磨坊，聘請林肯當店員，月薪是十五美元，包吃包住。在那裡，林肯將成為該村商店和磨坊房的員工。

不久，奧福特也來到了新塞勒姆村。他在村裡買了一塊土地，和林肯一起動手在這塊土地上建了一棟圓木小房。小房子的前廳開店，後面住人。貨物運來後，林肯就把它們都擺放在貨架上，或者堆置屋子的一角。

由於林肯在經營商店過程中忠於職守，對顧客也很熱情，並且誠信無欺，所以村民們都很喜歡他。

在當店員的時間中，林肯也接觸到了各式各樣的顧客。他們分別代表著不同階層人民的心理與需求。這也成為林肯步入社會的開始——接觸各種類型的人物，探索並研究他們的內心活動。

3

一八三一年八月一日，林肯平生第一次參加投票，選舉國會議員。不過，林肯是受奧福特的委託才有機會參加的。

在選舉議員的這天，由於選舉事務所的人手不夠，必須找人幫忙。而鎮上和鄉下來的人大都不識字，那麼他們在投票時就站在選務員的前面，然後說出自己要投誰的票，再由選務員寫在牆上的表格中。

林肯受託的，就是這件事。這對他來說簡直太容易了，林肯的動作乾淨俐落，又快又好，在一旁監督的地方人士都讚揚他：

「這個青年做得不錯！」

這一天選舉日，林肯簡直如過節一般，他把大部分的時間都花費在投票箱附近，跟投票人的愉快地聊天，廣交朋友，講述故事。他還以驚人的記憶力記住了新塞勒姆村周圍幾乎所有人的姓名和他們談笑時的容貌和神態。透過這次機會，林肯也得以認識了地方上的一些名人。

與林肯同年同月來到新塞勒姆的，還有一個名叫約翰·艾倫的人。他是達特茅斯大學醫學院的畢業生，是一位非常優秀的醫生。同時，他對奴隸制也是深惡痛絕。為此，他總是心平氣和地與人辯論，在辯論中也顯示出了驚人的誠懇與頑強。

林肯在與艾倫認識後，便很喜歡與這位博學的醫生一起探討社會和經濟問題。從艾倫的身上，林肯也學到了不少社會和經濟方面的知識。

一八三一年末到一八三二年初，林肯在好友治安法官鮑林·格林的幫助下，開始鑽研法律和學習怎樣起草簡單的文書。在學習法律和文書不到半年的時間裡，林肯的心底便燃起了投身政治的火焰。同時，林肯也愛上了演講。在新塞勒姆，每週六晚上，洛特利基酒店的餐廳都會熱鬧非凡。曾經羞怯內向的林肯，表現得十分活躍。在這裡，他講笑話，發表即興演講和宣揚他的政治見解。

這些活動是極其寶貴的，不僅擴充了林肯的心智，還喚醒了他的志願。林肯發現，自己原來是有著非凡的才幹的：用自己的言語去影響別人。這種認識也增強了林肯的勇氣和自信。

一八三二年三月九日，林肯撰寫了一篇文章，宣布自己將競選伊利諾斯州的議員。文章寫好後，由春田市鎮的《桑加蒙報》印成傳單散發。

在這篇競選文章中，林肯對自己的政治觀點和政治綱領充滿信心，並準備與其他競選者進行辯論。當時，由於在新塞勒姆修築鐵路要花很多錢，所以只能靠汽輪進行交通運輸。因此，對凡是能夠改進新塞勒姆的航運狀態的措施，林肯都表示堅決贊成。他說：

「如果我當選，任何為了這一目的而又考慮周到的立法措施，都將得到我的認可和支持。」

與此同時，林肯還積極宣傳要加強宗教道德教化事業，興辦教育，擴大出版。並且他還直言不諱地公開聲明，他將個人競選州議員的全部希望都「寄託在郡內無黨派的選民身上」，因為他沒有參加過任何政黨，加上「出身於並一直生活在最卑微的社會底層」，「沒有財勢兼有的親朋的支持」。最後，他用一種讓人憐愛的文句結束了這篇公告：

「然而如果善良的人民憑著他們的智慧，認為不擁護我是正確的，那麼我也會因為飽受失望之苦而耿耿於懷的。」

這雖然是一篇言詞樸拙、語調怯弱的競選公告，但卻是一位初出茅廬的年輕人的嘔心瀝血之作，表現出了林肯真正投身政壇所邁出的大膽一步。

第五章　投身政界

永遠記住，你自己要取得成功的決心比其他什麼都重要。

——林肯

1

一八三二年四月，美國伊利諾州邊境上空戰雲密布，一場以美國移民為一方，土著印第安人為另一方的種族滅絕戰正在醞釀之中。

印第安人中有一個薩克族，酋長人稱「黑鷹」，是個很厲害的角色。他經常帶著自己的手下出沒於開墾區，掠奪馬匹、子彈、財物等，並且屠殺居留地居民。通常「黑鷹」會帶領十到二十人出擊，而這一次，卻是帶領幾百人到處燒殺搶掠。

「黑鷹」軍團的襲擊引起了伊利諾州政府的恐慌。州政府立即召集義勇軍，很多人響應報名。

「黑鷹」之戰爆發時，丹頓．奧福特的店鋪生意也驟然下滑，幾近倒閉。不久，奧福特就扔下小店悄然離開了新塞勒姆，這也讓林肯的生活陷入窘境。於是，林肯來到了里奇南河，參加了當地組織的一支自衛隊，並被全體士兵選為連長。他們開拔到比爾茲敦營區，劃歸為駐紮在當地的一千六百名軍團的一個小支部。

「黑鷹」之戰初期，白人部隊損失慘重，然而林肯和他的部隊卻沒有正面接觸到一個印第安人。

「黑鷹」最終被逮捕，戰爭很快就結束了，林肯也退伍回到了新塞勒姆。

在戰爭期間，林肯認識了史都華。史都華比林肯年長兩歲，是一個律師，很能幹。與林肯相處一段時間後，史都華對林肯很了解。當林肯要回新塞勒姆時，史都華對林肯說：

「你是個能為大眾著想的人，很適合當律師，你應該學習法律。」

林肯很贊同史都華的建議，可是州議員的選期已經迫近，他必須先從事競選工作。雖然戰爭耽誤了他拉選票的機會，但卻也豐富了他的實地經驗，他開始利用此事大做文章。

回到新塞勒姆後，林肯便風塵僕僕地到處宣揚他的政見。他穿著一件短小的混紡牛仔上衣，一條亞麻長褲，戴著一頂草帽，四處奔波，尋求選民的廣泛支持。只要看到有幾個人聚在一起，他就會走過去對他們說：

「夥伴們，我想你們大概認識我，我就是卑微的亞伯拉罕．林肯。」

然後與他們閒聊，或幫他們做事，趁機介紹自己的觀點。

最後，林肯還到春田市政府大樓前發表了一次演說，作為他這次參加州議會競選的尾聲。

一八三二年八月二十四日，州議會選舉揭曉，林肯最終落選了，他在十三名競選人中排行第八。然而，在他所屬的新塞勒姆選區，林肯贏得了三百張選票中的兩百七十七票，支持率為百分之九十二點三。這也讓林肯感到很欣慰，他認為自己下一次一定能夠當選。

選舉結束後，已經臨近九月了，而林肯入伍的餉銀還沒有拿到手，現在他又失業了，他不得不重新去尋找一份穩定的工作來填飽肚子。

2

當林肯正在為生計發愁時，鎮上正好有人要轉讓店鋪，於是林肯就與一位名叫貝里的人一起把店鋪承接下來。

剛開始時店鋪的生意還不錯，但日子一久，就出現了危機。貝里心灰意懶，沒有經營的積極性；而林肯則整天沉醉於書本之中。他在春田市拍賣市場上買到了英國法學家威廉·布萊克斯通（William Blackstone）的《英格蘭法律評論》一書，這讓林肯十分興奮，因為這是他讀到的第一本法律書。

林肯與貝里合開的店鋪最後終於破產了。後來，貝里又領了一張執照，與林肯又經營起了一個零售商店。這個零售店主要經營豬肉、烈酒、食鹽、火藥、槍枝和皮毛等，但林肯對這些東西根本沒興趣，而且他覺得用蒸餾酒換取錢財是一件不夠光明的事。於是，在領到執照的幾週後，林肯就把零售店的股份讓給了貝里，然後又出去尋找新的工作。

一八三三年五月七日，林肯被聘請為新塞勒姆的郵政局長。這是個並不重要的職位，整個郵局裡也只有局長這麼一個職員，全部的業務就是一週兩次收發郵件。他的薪水不多，每年只有五十美元。

儘管這不是什麼好差事，但林肯還是很樂意做這份事，因為每次馬車運來的郵件中都有許多報紙。這對林肯來說是最具吸引力的，他可以盡情地「先睹為快」。這不僅大大開闊了他的眼界，也使他養成了從報紙上觀察政治動向和研究問題的習慣。

有一次，林肯在一份《國會環球報》上，讀到了華盛頓國會議員們的演說全文，對他們的精彩言論欽佩不已。他從心裡暗暗發誓，以後也要做出與這些議員們水準相當的演說。

在郵局工作的這段日子是很舒服愜意的。在工作之餘，他孜孜不倦地攻讀了一些大部頭著作，如沃爾內的《帝國的覆滅》、吉朋（Edward Gibbon）的《羅馬帝國的衰亡史》（*The History of the Decline and Fall of the Roman Empire*）、潘恩（Thomas Paine）

的哲學名著《理性時代》（*The Age of Reason*）等等。然而這期間唯一讓他煩心的事，就是債臺高築，他欠下了許多人的債務。

林肯當初在與貝里合開店鋪時，錢都是向別人借來的。一八三五年一月，酗酒的貝里因醉酒猝死，這讓他們之前欠下所有的債務都落在了林肯身上。借款共約一千一百美元，如果一分一分地存，恐怕要十年、二十年才能還清。所以，這筆債務也成為林肯長達十四年的負擔，甚至他的馬和他後來做測量員所使用的測量工具，都在他離開新塞勒姆時被公開拍賣，以償付一個猴急的債主。

林肯很喜歡郵局的工作，如果不是因為負債，他的生活簡直舒服極了！但是郵局微薄的薪水實在讓他入不敷出。

後來，林肯又在朋友的介紹下，應桑加蒙郡測量員的邀請，擔任測量員的助手。

這是一項技術性高、責任心強的工作，不容許有絲毫的馬虎。林肯知道，要想做好測量工作，就必須懂得數學，於是他開始研讀一些數學和測量學的專書，並且特意購買了指南針和測量儀器等。

在工作之中，林肯經常虛心討教，工作兢兢業業，一絲不苟，工作成效也比較顯著，這才總算勉強夠糊口。

林肯一邊在郵局上班，一邊做測量工作，還要不時地趁著空檔打些其他的零工，而且還要抽空讀書，每天忙得團團轉，這也讓本來就瘦削的林肯身體更瘦了。

所幸的是，兩個月後，林肯終於成為一名合格的測量師。

對於這份工作，林肯也很喜歡，因為每天可以在大自然中，不必每天為了討好別人而生活，這也讓他彷彿回到了小時候。他對生活充滿希望，照這樣工作下去，一定可以把債務還清的。

就在這個時候，林肯的身上還發生了一件喜事。

早在林肯剛剛來到新塞勒姆時，房東洛特利基就邀請他加入辯論會。辯論會經常在洛特利基開設的客棧進行，林肯也因此結識了他們一家人中一位名叫安的女孩。

安長得美麗嫻靜，經常靜靜地坐在一旁聽林肯的演講。她動人的倩影，深深地吸引著林肯的心。

隨著與洛特利基一家的熟悉，林肯與安也成了很熟的朋友。高高瘦瘦的林肯，雖然外表算不上英俊，但他好學不倦的精神卻讓安很欣賞。

安是個含蓄的女孩子，不敢向林肯表示好感。而林肯也覺得自己不是女孩子心中的理想對象，況且安又是有錢人家的女兒，他高攀不起，因此一點也不敢心存與安交往的念頭。

後來，在好朋友們的撮合下，洛特利基同意了兩個人交往。這樣，林肯與安就算是有了婚約。這實在是一件喜事。

3

一八三四年，距離上次州議員競選已經兩年了，這次又到了美國中期選舉的時候。桑加蒙郡民主黨領導人、治安法官鮑林．格林向好友林肯表示，他與他的民主黨同事都將全力支持林肯競選州議員。林肯的好友，律師史都華也表示：

「州議員中不乏假公濟私之輩，正需要你這樣的人出來。」

因此，在當年四月十九日的《桑加蒙報》上，便赫然刊登了州議員候選人之一林肯的名字。

這一年，身為美國民主黨的反對黨——輝格黨（Whig Party）成立。林肯不僅加入了輝格黨，還成為當地輝格黨中一位公認的少壯派。他還得到春田市的律師、郡輝格黨領導人約翰．陶德．斯圖爾特的支持。所以，林肯這次參加州議會選舉與兩年前的孤軍奮戰已經大不相同，他獲得了兩黨領導人的支持，再加上測量員和郵政局長兩份工作，林肯已經成為當地婦孺皆知的名人了。

這一次，林肯與上次參選一樣，巡迴各地舉行競選活動。有一天，正當林肯準備以自由黨候選人的身分發表政見時，就聽見有人嘆息著說：

「算了，這個黨沒什麼理想的人，不聽也罷！」

然而當林肯演講完畢時，這個人卻又高興地大聲說：

「太棒了！其他的候選人都比不上這個人！」

結果，在這次競選中，林肯以第二高票當選為州議員。

一個鄉下的測量師，居然能擊敗好幾個地方上有背景的人，贏得了州議員的席位，實在令人刮目相看。這一年，林肯才二十五歲。

成為州議員後的林肯，仍然穿著那身舊得褪了色的外衣和打著補丁的褲子。但他要到州首府凡達利亞參加州議會，這身衣服是很丟人的。林肯只好紅著臉向朋友借了兩百美元，做了一身新衣服，並買了一雙皮鞋。這也是林肯第一次穿上像樣的衣服和新皮鞋。

十二月一日，州議會開幕。在凡達利亞，林肯第一次見識了議案表決。自從一八二四年以來，兩黨政治就在總統選舉和議會表決中你一拳我一腳地表現著各自的力量。林肯好奇地看著這兩股力量的正面交鋒，一個個嶄新的議案被輪番提出、修改、通

3

過或者否決，議員們也是七嘴八舌地大聲爭執著，誰也不讓誰。

現在，林肯也成了這種力量中的一股激流。他的舉手投足，都會對議案產生著巨大的影響。因此，林肯慎重地思考著，想要以最為客觀的態度得出最為恰當的結論。

在州議會期間，林肯給人的印象是「瘦骨嶙峋，皺紋滿面，不修邊幅幾近粗魯的程度」，可是他卻另有某種「深得人心的氣質和魅力」。

在凡達利亞的兩個多月時間裡，林肯與斯圖爾特同住一室，每天一起商議各種議案。過完年後，州議會結束，林肯又回到了新塞勒姆，繼續當他的測量師，每天奔波於山地之間。這時新塞勒姆郵務所已經遷往彼得斯堡，所以林肯也就不再投遞郵件了。

在當上州議員，並與斯圖爾特接觸的這些日子裡，林肯更加了解到法律的重要性，因此學習法律的意念也更加強烈，一有空就研讀法律方面的書籍，遇到問題就去請教老朋友史都華。

同時，林肯還與戀人安約定，等自己做了律師之後，兩個人就完婚。

然而，生活並不像林肯想像得那麼順利。這一年夏天，天氣很熱，不知為何竟然流行起瘧疾來，死了很多人。安也不幸被傳染，發著高燒。焦急的林肯請來了畢業於達特茅斯大學醫學院的約翰·艾倫為安診治，可是艾倫也沒什麼好辦法讓安的病情好轉。

幾個星期後的一天傍晚，安緊握著林肯的雙手，黯然地閉上了雙眼！

安的死，讓林肯痛苦得幾乎失去知覺。在安下葬那天，旁人對林肯說：

「請你跟安再說幾句話吧！」

可是林肯悲痛地注視著安的墳墓，一句話也說不出來，滿臉淚水……

此後的幾個星期，也是林肯生平中最為淒慘的日子，他不想睡覺，不肯吃東西，總是喃喃自語，甚至難過得想要自殺。每當有暴風雨來襲時，他都會來到安的墳前，在安的墳墓上撐起一把傘。他對朋友說：

「一想到安的墳要被風吹雨打，我就受不了！」

4

這一年的十二月七日，州議會又召開了一次特別會議，林肯重新振作起來，繼續為更多不幸的人服務。這次會議共開了六週，討論了一百三十九個提案，並把修築十七條鐵路的特許證發給了伊利諾州的那些想看到火車和聽到火車汽笛聲的各個城鎮。休會後，林肯又回到新塞勒姆，繼續從事測量，學法律，參加政治運動。

一八三六年六月十三日，林肯再一次宣布，自己將參加新一屆伊利諾州議會議員的競選。八月一日的投票結果表明，在桑加蒙郡十七名州議員候選人中，林肯的得票最多，因此也再次當選為州議員。

在失去安的這些日子裡，林肯開始用工作打發自己的所有時間，一心一意地投身在自己熱愛的事業上，以此來忘記失去戀人的傷痛與煩惱。

此後不久，林肯就在伊利諾州最高法院兩名法官的主持下，接受了他期待已久的律師業務考試。同年的九月九日，林肯終於如願以償地取得了在伊利諾州所有法院裡開展律師業務的許可證。隨後，林肯又與約翰．陶德．斯圖爾特合辦了一家律師事務所。

在這年的十月至十一月，林肯又做了三次土地測量工作，此後他便不再從事測量了。

一八三六年十二月五日，伊利諾州第十屆州議會開幕。在這次會議上，鄧肯州長致開幕詞，敦促州議會對「運河和全部鐵路建築工程」予以財政上的支持。

據此，新議員史蒂芬．阿諾．道格拉斯（Stephen Arnold Douglas）代表內陸交通建設委員會提出了一個募款一千萬美元的提案。這時的林肯，已經是輝格黨的議會領袖兼議會財政委員會主席了。他對道格拉斯提出的這項提案表示支持。最後，州議會以六十一票對二十五票的絕對多數通過了這項籌款法案。

後來，經過林肯及桑加蒙郡同事的多方遊說，州參眾兩院聯席會議還以多數票通過了把伊利諾州首府從萬達利亞遷往春田市的決議。

這令春田市的市民們十分高興，載歌載舞地歡慶州議會遷移州府法案的通過。然而真正實施這一法案，卻是一八三九年的事了。

在這屆州議會中，州眾議院還收到了鄧肯州長關於奴隸制爭端的通知，州議會以七十七票對五票的絕對多數通過了關於國內奴隸制問題的決議案，即：「極不贊成組織廢奴協會」，「按照聯邦憲法、各蓄奴州對奴隸的所有權是不容侵犯的……未經他們的同意，不能剝奪他們的這種權利。」

在這次投反對票的五名議員中，就有亞伯拉罕．林肯的一票。

其實，林肯一直都在關注黑奴問題，這一問題也是年輕的美國的心病。在其成立之初，他們巧妙地避開了這一問題，但他們的後代現在卻必須要面對這個問題。

早在一八三一年初，激進的廢奴主義者加里森（William Lloyd Garrison）就在其創刊的《解放者》（*The Liberator*）週報上向世界宣告：

「我要像真理一樣鐵面無私，像正義一樣毫不妥協。……我是認真的，絕不含糊其辭，絕不藉故推託，我將寸步不讓。我要讓大家都聽到！」

一八三三年，加里森還與西奧多·韋爾德（Theodore Dwight Weld）及塔潘兄弟（Tappan）等發起了「美國反奴隸制協會」（American Anti-Slavery Society）。他們認為奴隸制是一種醜惡的制度，必須剷除，絕不能與之妥協。這也令他們的信仰不斷受到襲擊，他們也不斷被南部驅逐或關進監獄。

我們都知道，美國南部各州是以種植園經濟為主的，盛產棉花、稻米、甘蔗、菸草等作物。黑人奴隸就在這片土地上為奴隸主默默勞作，用自己辛勤的血汗換來了南部經濟的繁榮。也正因為南部經濟對奴隸勞動的這種依賴，使得南部地區只要有廢奴之手伸過來就會難以忍受。

由此，一場衝突便不可避免地爆發了。一方面是激進的廢奴主義者聲嘶力竭，煽動大眾，湧起狂熱的廢奴行動；另一方面是南部蓄奴各州照樣我行我素，不斷到北部去抓捕逃奴，因為這些逃奴都被視為是奴隸主的私有財產。

一八三七年二月，伊利諾州議會為此召開了一次特別會議，集中討論南部諸州提出的抗議北部鼓動反對奴隸制的一個提案。這次會議的報告指出，廢奴運動將嚴重影響奴隸制的利益，而廢奴組織也只會令奴隸制更加苛刻；廢奴主義者主張剷除奴隸制的教義，也只會導致聯邦分裂。

因此，在這個報告的基礎上，一個新的決議案提出了：州議會不贊成組織廢奴團體，不贊成宣傳廢奴教義。依照聯邦憲法，蓄奴州對奴隸的所有權是神聖不可侵犯的，不經其同意，這種權利不能被剝奪。

這個決議案自然讓林肯十分不滿。在一八三七年三月六日州議會休會的前三天，林肯與另一位名叫丹·斯通的議員聯名提出了一份書面抗議，就他們與該決議案的分歧提出了抗議理由，認為「奴隸制度是建立在非正義的錯誤政策之上的，但傳播廢奴主張只會加重而不會減少奴隸制度的罪惡」。也就是說，奴隸制儘管邪惡，但攻擊這種邪惡也不太明智。

這時的林肯是十分理智的，他一方面譴責奴隸制，但卻又不主張激進的廢奴方式。他巧妙地採用了太極推手，以柔克剛。這也讓林肯在很長一段時間內都處於一種膠著的狀態。

在春田市，林肯還與歐文·拉夫賈伊成為一對患難的朋友。拉夫賈伊的哥哥曾是一個廢奴主義者中的溫和派，主張用非暴力的手段廢除奴隸制，後來被暴徒槍殺。歐文·拉夫賈伊跪在哥哥的墳前發誓，絕不背棄哥哥為之獻出生命的事業。就在這種情況下，他與林肯相識了，並成為林肯終生不渝的「最忠實的朋友」。

在州議會休會之後，林肯又返回了新塞勒姆村。

4

第六章　煩惱的婚戀

我們關心的，不是你是否失敗了，而是你對失敗能否無怨。

——林肯

1

一八三七年四月十五日，在安去世的兩年後，林肯背著簡單的行囊，離開了新塞勒姆，來到了初具城市規模、擁有一千四百名居民的春田市，開始了新的生活。

在春田市，林肯看到農民趕著大車運送著玉米、小麥、馬鈴薯和其他蔬菜，身穿有褶子的絲綢襯衫的男人和滿身綾羅綢緞的婦女乘著馬車來來往往，……一派繁華熱鬧的景象。

林肯在一家百貨店門前停了下來，他看到這裡賣的一套單人被褥只需要十七美元，真是物美價廉，很想買下來備用。可是他的口袋裡僅有七美元，根本不夠。

這讓林肯有些為難，他想了想，然後直言不諱地對店主說：

「這個價錢倒挺便宜，可是我的錢不夠。如果你肯讓我賒帳到耶誕節，我又能在這裡順利地開業當律師的話，到時我一定如數償還。萬一我運氣不好，那就只好一輩子欠你的帳了。」

店主名叫約書亞．斯皮德，是個很熱心的人。他見林肯滿身疲憊，聽到他那憂傷悽愴的語調，不禁產生了惻隱之心。他對林肯說：

「沒有關係，你拿去用好了。我想你可能還需要一個安身的地方，如果不嫌棄，我的二樓有一個房間和一張大的雙人床，要是你願意，盡可以與我同床。」

斯皮德的這一善意的舉動讓林肯驚喜不已，他高興地說：

「啊！斯皮德，我真是太感動了！」

就這樣，林肯在斯皮德那裡住了下來，他們之間始終不渝的友誼就這樣開始了。

林肯在斯皮德那裡安頓下來後，就去找斯圖爾特。斯圖爾特見林肯來了，非常高興地對他說：

「我將來要競選國會議員。如果當選，我就不能再當律師了，而現在你來了正好可以與我合作，以後我就沒有後顧之憂了。」

本來不知該從何開始創業的林肯，沒想到一切都這麼簡單地解決了。不久以後，林肯便與斯圖爾特一起開設了一家聯合律師事務所。

由於事務所處於草創階段，資金匱乏，一切設施都很簡陋。而斯圖爾特每天又忙於競選國會議員，所以律師事務所的工作大多都由林肯來處理。在負責辦理訴訟案件的空閒時間，林肯仍然保持著與選民們的廣泛接觸，爭取他們在政治上的支持。

一八三八年，林肯在春田市的青年學會發表了一篇題為〈永葆美國政治制度之青春〉的演說，闡述了一些十分重要的思想精髓，表達了他對美國未來、人身自由和個人

1

義務的熱愛。它們像種子一樣，在他的心中萌芽生長，大大地影響著他的成長。

在這次演說中，林肯向年輕一代的聽眾指出：

不管什麼時候，任憑一小撮歹徒滋事生非，任憑他們燒毀教堂，搶劫倉庫，破壞印刷機，槍殺編輯，隨心所欲地吊死或燒死他們所討厭的人，任憑他們逍遙法外，那我就可以斷言，這個政府必定短命。

林肯呼籲大家都積極行動起來，保衛革命先驅者用生命所贏得的權利，不讓這一權利受到侵犯。同時，在這篇演講中，林肯還極力主張容許自由辯論，他不怕得罪南部主張奴隸制的權貴們，要求給廢奴主義者提供論辯的機會和場所。

這也是林肯二十九歲時所持政治觀點的傾情直露，他演說的內容簡潔精闢、扣人心弦，言近而旨遠。

一八三八年的夏天，林肯再一次參加了州議員的競選。八月六日，投票結果顯示，林肯在十七名候選人中名列榜首。同年的十二月，州議會在萬達利亞舉行時，輝格黨人提名林肯為州眾議院議長候選人。但由於競爭對手太強，林肯落選了，此後便擔任州了議會中輝格黨的領袖。

一八三九年三月四日，州議會休會，林肯從萬達利亞返回春田市，重操他的律師舊業。

那時，林肯見民主黨人實施的代表大會提名制很有成效，於是在一八三九年十二月，林肯説明召集了州輝格黨第一次代表大會。

這次大會是在春田市舉行的，會議提名為伊利諾州五個總統選舉人之一和州輝格黨中央委員會委員。大會提名俄亥俄州前國會眾議員、參議員威廉・亨利・哈里森（William Henry Harrison）為美國總統的候選人，而林肯則在這次大會上被選為州輝格黨中央委員會委員。

也是在一八三九年這一年，有一名女子來到春田市，不但開始追求林肯，還決意與他結婚。這名女子就是瑪麗・陶德（Mary Todd）。

2

瑪麗・陶德家世顯赫，她的先人曾經出過將軍和州長，父輩中有一位後來還做過泰勒（John Tyler）總統的海軍部長。她的父親羅伯特・史密斯・陶德（Robert Smith Todd）曾擔任過肯塔基州參議兩院的議員，做了二十年肯塔基州萊辛頓銀行（Lexington）的總裁。

2

當時，瑪麗小姐剛剛二十一歲，體態豐滿，性格活躍，善於交際。她畢業於培養「上流婦女」的學校，會講一口流利的法語。也正因為這樣，她舉止高傲，目中無人，甚至有些自信心過度膨脹。由於在家中與繼母相處不好，便離家出走，跑到春田市的姐姐伊莉莎白家居住。

伊莉莎白・波特・愛德華茲（Elizabeth Porter Edwards）的丈夫尼尼安・愛德華茲（Ninian Edwards）是桑加蒙郡九個輝格黨議員之一，與林肯過從甚密，因此林肯便有機會認識了瑪麗・陶德。

自從結識了瑪麗小姐，林肯就被她的風采和嫵媚吸引住了，於是就經常造訪她。林肯常常凝望著瑪麗小姐，彷彿她的身上有一種無法抗拒的力量吸引著他。當兩個人在一起相處時，瑪麗的姐姐伊莉莎白經常會走到他們身邊。她發現林肯總是默然無語，所以感覺林肯無法與瑪麗這樣高貴的女人談天。她提醒妹妹，林肯與她的差別太大，不僅在體型上，就是舉止、教養、性格和氣質都不一樣，而且他還來自社會的最底層，他們根本就不是門當戶對。

瑪麗小姐根本不理會姐姐的嘮叨，天性好強的她正在尋找通往總統夫人的道路。所以她理直氣壯地反駁姐姐說，林肯很有前途，是她所接觸的人中「最中意的對象」。

不得不承認，瑪麗．陶德是個很有眼光的女人，她真沒看錯人，日後的林肯真的讓她如願以償地登上了總統夫人的位置。

一八四〇年，林肯與瑪麗小姐認識一年後，雙方訂了婚。

訂婚後不久，瑪麗．陶德就想改造林肯。因為林肯在熱天從來不穿上衣，通常只穿一條背帶吊著的褲子。如果鈕扣掉了，他就削一根木釘把衣服補起來。而且，他還喜歡在帽子裡塞上一些亂七八糟的東西。

林肯的這些粗俗的穿戴讓瑪麗很生氣，她經常拿林肯與自己的父親作比較。在家裡時，每天早晨，她都能看到父親在萊辛頓街上行走，手執金杖，穿著藍色細絨布上衣及白麻布褲子，腳套長靴，一副氣度超群的紳士派頭。而一看到現在林肯的穿著，她就忍無可忍，大小姐的脾氣也逐漸暴露出來。她總是向林肯嘮叨個不停，勸林肯多注意自己的形象，不要把自己弄得那麼邋遢。有時還會當著別人的面數落林肯，讓林肯尷尬不已。

本來林肯已經很厭煩瑪麗的嘮叨了，再加上瑪麗不分場合地指責他，讓林肯漸漸失去了對瑪麗的愛意。他開始覺得，他們兩人之間有很多地方都格格不入，如果兩個人就這樣結婚生活在一起，不知道要爆發多少次家庭戰爭呢！

2

林肯開始重新思考自己與瑪麗的關係，最終，林肯決定鼓起勇氣告訴瑪麗，他們應該解除婚約。

經過再三的猶豫後，林肯最後決定用筆將自己的想法寫出來。他告訴瑪麗，經過仔細考慮後，他發現自己愛她並不充分，所以不能與她結婚。

林肯請求自己的老朋友斯皮德幫他去送信，但斯皮德告訴林肯，如果他真的是個男子漢，就應該親自前往，當面向瑪麗說清楚。並且囑咐林肯：說完就走，不要逗留。

林肯聽了斯皮德的勸說，親自來到瑪麗家中，告訴她，他不再愛她，所以不能與她結婚。這個消息讓瑪麗痛苦萬分，她放聲大哭，罵林肯是個騙子。

林肯被瑪麗的舉動嚇得不知所措，他最害怕的就是女人的眼淚。最後，他們情不自禁地擁抱在一起，殘酷的分手也變成了一次情意綿綿的意外約會。

一八四一年一月一日，天氣格外晴朗，陽光分外燦爛。這一天，春田市最有前途的輝格黨領袖林肯的婚禮正在舉行。瑪麗．陶德穿上婚紗，梳妝打扮完畢，坐在家中幸福地等待新郎林肯前來迎娶她。

然而直到夜幕降臨，該來的客人都來了，唯獨新郎林肯沒來。尋找的人找遍了春田市的大街小巷，也不見他的蹤影。

客人們都陸續告別離去了，瑪麗小姐痛哭著跑到自己的房間，扯掉婚紗，撲倒在床，羞憤而絕望。

直到第二天黎明，林肯才被發現呆坐在自己的事務所內，有些語無倫次。也許是為了挽回瑪麗的顏面，愛德華茲向眾人宣布，林肯已經精神失常了，所以才沒有按約定來迎娶瑪麗。

其實，林肯的內心也十分痛苦掙扎。他是個言出必行的人，而這次他卻食言了，他在最後關頭選擇逃婚，並因此令瑪麗蒙羞。他一直在感情與理智的激流中掙扎，理智告訴他，他必須兌現承諾；但感情又告訴他，他無法容忍瑪麗·陶德的暴躁脾氣。兩種思維在林肯腦中糾纏，令他感到極度壓抑，精神甚至瀕臨崩潰。

在逃婚後的三週，林肯收到了斯皮德的一封信。在回信中，林肯這樣描述自己的心情：

> 我現在是這個世界上活著的最不幸的人。假如將我所感受的平均分給全人類，那麼地球上再也找不到一張笑臉……要我保持現狀是不可能的。在我看來，我不是選擇死亡，就是要把自己的精神控制好。

可見，這場婚禮帶給林肯的痛苦是不言而喻的。

不久後，瑪麗·陶德的姐姐伊莉莎白寫了一封信給林肯，說瑪麗為了保持自己的體面而又使林肯安心，表示准許他解除婚約。解除婚約時，瑪麗表示，只要林肯願意，隨時都可以與她再次訂婚。

然而林肯再也不想見到瑪麗·陶德了，他只希望她快點把自己忘掉，然後改嫁別人。可是瑪麗·陶德卻始終不肯。這主要與她的面子和自尊心有關，她決定要對她自己和那些輕蔑或憐憫她的人們證明，她是能夠並且一定會與亞伯拉罕·林肯結婚的。

但林肯已下定決心不與她結婚了，所以他很快就向另一位女子求婚了。她叫莎拉·李卡德。可是，莎拉卻毫不猶豫地拒絕了林肯，因為他們的年齡相差太大，她才只有十六歲，而林肯已經三十二歲了。他迫切地想要結婚，只要不是瑪麗·陶德，其他誰都可以。

3

那時，林肯在給當地的《桑加蒙報》寫社論。主編西蒙·法蘭西斯是林肯的朋友，同時也是他政治上的支持者。法蘭西斯的妻子經常愛管別人的閒事。

有一天，法蘭西斯夫人邀請林肯到家中做客。他不知道，同時受邀的還有瑪麗·陶

德小姐。於是冤家路窄，他們又相遇了。

在法蘭西斯夫人的好言相勸下，林肯又產生了與瑪麗結婚的想法。但對未來的婚姻生活還是缺乏信心，於是林肯就給老朋友斯皮德寫信尋求幫助。

此時斯皮德剛剛結婚不久，正與妻子在一個農場幸福地生活著。他告訴林肯，婚姻生活比他想像的要快樂得多。這讓林肯無法逃避了，只好硬著頭皮再次向瑪麗求婚。

瑪麗．陶德終於等到了挽回顏面的這一天。雖然她很清楚，林肯與她結婚並不是出於完全自願，但不管怎樣，她成功了。

一八四二年十一月四日下午，林肯第二次向瑪麗求婚了，迫不及待的瑪麗晚上就要與林肯舉行婚禮。這個速度快得讓林肯感到震驚！

由於時間緊迫，一切都沒有準備。瑪麗找人匆匆忙忙地做了個大蛋糕，蛋糕上的奶油還沒冷卻就被推出了廚房。

而林肯則在房間裡匆忙地穿上新衣服，擦著皮鞋。鄰居家的小兒子以為他要外出，好奇地問他去哪裡。林肯脫口而出：

「我想是到地獄去。」

想到婚後的恐懼，林肯甚至有些顫抖。他臉色蒼白地出現在婚禮上，看上去簡直就

3

是去屠宰場一樣。

婚禮終於舉行完了，林肯與他的新婚妻子瑪麗．陶德住進了簡陋的環球旅館。從此，林肯煩惱的婚姻生活正式開始了。

林肯夫婦在環球旅館只住了一年便搬進了新家。新住宅距離春田市市中心只有幾條街。瑪麗既然成了林肯太太，她就要奪回自己的尊嚴。於是，她更加不停歇地抱怨林肯衣冠不整、容貌欠佳，他的手太大，他的腿太長。有一次，盛怒的瑪麗甚至當著其他客人的面將一杯熱咖啡潑在了林肯臉上，而林肯對此則一聲不吭、一動不動。

日子一久，瑪麗的壞脾氣也越來越嚴重，她經常大吵大鬧，對生活不滿，對林肯抱怨指責。林肯的朋友都為他難過。他幾乎就沒有家庭生活，也不邀請朋友到家裡去。他自己也會盡量避開瑪麗，晚上徘徊在事務所與律師們閒聊，或是待在外面講故事給大家聽。

有時，深更半夜，林肯會獨自在外面徘徊，頭低垂在胸前，一副憂傷的樣子。有時他會說：「我不想回家。」他的朋友明白其中的緣故，就經常把他帶到自己的家中過夜。

一八四三年八月一日，他們的第一個兒子出生了，取名羅伯特．陶德（Robert Todd）。

婚後，隨著社會地位的連續上升，再加上妻子瑪麗的不斷「改造」，林肯也逐漸開始注意修飾自己了。他也會經常穿著禮服，在潔白的襯衫領口上打著黑綢蝴蝶的領結，鬢角蓄到齊耳的四分之三處。

但是，人們還是認為他的外表欠佳：頭髮蓬鬆，褲腳下垂到踝骨上方，背心也是皺巴巴的。

在家裡時，林肯也經常自己動手做家務：劈柴、生爐火、擠牛奶、刷馬毛。他個頭高大，在與人談話時也常常俯首垂耳，身朝前傾，給人一種親切、謙和感。因此，他的家庭生活雖然沒什麼樂趣，但他在工作上卻贏得了很多人的信賴和支援。

3

第七章　仁慈的鄉下律師

人生最美好的東西，就是他與別人的友誼。

——林肯

1

春田市有十一個律師，但他們不能全部在那裡謀生，因此，他們常常會騎著馬從一個鄉鎮轉到另一個鄉鎮，或者跟隨大衛．戴維斯走遍第八司法管理區中許多不同的地方出席法庭。林肯也是這其中的一員。

由於工作關係，別的律師總是設法在每個週末趕回到春田市，與家人共度週末，唯獨林肯不願意這樣。因為他很害怕回家，所以總是在春季的三個月，以及秋季的三個月中一個人逗留在外面巡迴，住在鄉下的旅館中，不願意回到春田市去。

一年復一年，林肯都是這樣。儘管鄉下旅館的條件很差，住著也極不舒服，但他還是甘願忍受，不願回去面對夫人瑪麗不斷的嘮叨和暴躁的脾氣。

在家中時，瑪麗每天都是抱怨不休，而且十分容易嫉妒。有一位婦人曾與林肯家人一同住了兩年。她說：有一天晚上，林肯正躺在走廊裡讀書，恰好有客人來。沒等僕人去開門，林肯就跳起身來，穿著襯衫走過去開門，然後將客人引入客廳中，並說他願意帶這些婦女們在家中觀賞一番。

瑪麗在隔壁的房間看到這幾個婦女走進來，又聽到丈夫這樣開玩笑後，便大發雷霆，狠狠地說一定要讓他好看。而林肯卻高興地溜出了屋外，直到夜深人靜時才回來，而且是偷偷地從後門溜進來的。

瑪麗對林肯的好友斯皮德一點好感都沒有，認為是他當初唆使林肯逃婚的，因此很討厭斯皮德。在結婚前，林肯在給斯皮德寫信時，都會習慣性地在結尾問候他的妻子：「獻愛於芳妮。」然而結婚後，瑪麗要求他只能寫「問候斯皮德夫人」。

林肯是個從不忘記恩情的人，這也是他顯著特性中的一點。以前斯皮德曾經幫助過他，所以為了表示對好友的感謝，在他們的第一個孩子出生時，他希望取名為約書亞．斯皮德．林肯。但瑪麗聽到這個名字後，大為憤怒，她認為應該由她來給孩子取名才行。

瑪麗還經常因為花園中沒有花草樹木而抱怨，於是林肯就在花園中種了一些玫瑰花。但他一點也不關心這個花花草草的，不久這些花就因為失去照料而枯死了。即使後來瑪麗催促他弄一個花園，結果花園中也長滿了雜草。

雖然林肯對這些花草沒什麼興趣，但他還是餵養了一匹白馬，並經常親自為白馬刷洗。他還餵養了一頭乳牛，經常親自擠奶。可是這些也會被瑪麗責罵，認為他不衛生，很邋遢。

在全春田市，沒有比瑪麗．林肯更加節儉的主婦了，但她在炫耀的事情上卻還是十分奢侈。

1

當林肯一家還是三餐不足時，瑪麗就買了一輛車，而且還請鄰居家的男孩子為她駕駛車子，到城裡四處去拜訪朋友，一個下午就付給車夫兩角五分美元。其實那裡就是一個鄉下的地方，她完全可以步行或者僱一輛車。可是瑪麗卻不肯，認為那樣是有失顏面的。

此外，瑪麗根本不顧自己一家有多貧困，總是設法去籌錢購買一些林肯根本無法供應的昂貴衣服和首飾。

一八四四年，林肯一家花了一千五百美元買下了查理·德利賽牧師的住宅，那位牧師曾在兩年前為他們舉行過婚禮。

這棟住宅是個木質結構的兩層樓，裡面有客廳、廚房、臥室等，外面還有外屋、柴堆和穀倉等。

剛開始時，瑪麗覺得新房子就像一個樂園，因為比起他們剛結婚時住的旅館簡直好多了。但不久以後，她又開始感到不滿了，不斷地指責這所房子的缺點。她的姐姐住在一棟兩層的大樓裡，而這所房子卻只有一層半的高度。有一次，瑪麗甚至對林肯說，任何一個有出息的人，都絕不會住在這種一層半高的房子裡。

通常瑪麗在向林肯要求任何東西時，林肯從不過問，但這一次林肯卻表示反對：家裡人口少，這個房子足夠住了；而且他還是個窮光蛋，根本沒有多餘的錢買大房子。當時他們結婚時，他只有五百美元，後來一直就沒有增加積蓄。

無奈之下，林肯只好找來一個包商來估價，建造一棟新房子要花多少錢。林肯其實是想告訴瑪麗，建造一棟新房的價錢是十分昂貴的，是他們現在這個家庭負擔不起的。瑪麗聽完估價後，也顯得愕然失措。林肯以為，這件煩惱的事已經過去了。

然而林肯太樂觀了，因為在他下次巡迴結束返回家中時，瑪麗已經自己在家中請了一個木匠，做了較低的估價，然後將房子重新建造了一番。

當林肯再次回到春田市，走上第八街時，他幾乎認不出自己的房子了。恰好在這時遇見了一位朋友，林肯就半開玩笑半認真地詢問：

「對不起，您能告訴我林肯先生的家住在哪裡嗎？」

林肯做律師的收入本來就不多，他甚至認為常常是很拮据的。現在，他一回到家中，就要多付一筆很大且根本沒必要的帳款，這令他十分煩惱。

每當這種時候，瑪麗都會抱怨林肯太窮，賺的錢太少，還不會理財，而且向人家收費太少。甚至在一八五三年，當時林肯已經四十四歲了，再過八年就進入白宮時，他在麥克林巡迴法庭處理了四個案件，總共才收了三十美元。

林肯做律師的收入，與瑪麗的經濟要求是完全不在同一個層次上。

2

林肯認為，很多顧客都與他一樣貧困，所以他在為他們做辯護時，不忍心向他們多收錢。

有一次，林肯為一個有一萬元財產的神經失常女子辯護，讓她免於遭受一個騙子的勒索。在短短的十五分鐘內，林肯就勝訴了。

一個小時後，林肯的同事雷蒙走過來，要與林肯平分兩百五十美元的手續費。林肯聲色俱厲地斥責了雷蒙，認為他不應該這樣做。雷蒙抗議說，這筆手續費是事先就說好的，而且那個女子的哥哥也同意要支付的。

「可能吧」，林肯反駁道，「但我不願意這樣做。那筆錢是來自一名又窮又瘋的女子，與其讓我向她要錢，還不如餓死。你至少要退還這筆錢其中的一半，否則我是一分都不會拿的。」

還有一次，一位養老金的經辦人向一名革命軍軍人的寡婦以辦理申請養老金為由，勒索其養老金四百美元的半數。那個寡婦已經年邁體衰，又十分困苦，於是林肯便叫她提出訴訟，並為她辯護。

最終辯護勝訴，但林肯沒有收一分錢的手續費。不但如此，林肯還自己掏腰包為她付了住旅館的錢，並買了一張車票給她，送她回家。

有一天，阿姆斯登的一個寡婦遇到問題找到林肯。原來，她的兒子德夫被人控告酗酒鬧事，還謀害了一個名叫密加的年輕人。她央求林肯救救她的孩子。

早在新塞勒姆，林肯就認識阿姆斯登一家。雖然阿姆斯登家的人都很暴躁，不友好，但林肯還是很愛他們。所以，林肯也爽快地就答應了這個寡婦的要求。

林肯經過調查，發現密加的死是因為與一個名叫查理斯的男子為一名女子爭風吃醋，查理斯對密加懷恨在心，便殺死了密加，然後將罪名嫁禍給與此案毫不相干的德夫。

在開庭這一天，很多人都來旁聽，林肯也出現在陪審團的面前，並且做了他一生中最為動人肺腑的一場辯護。

查理斯被傳上庭後，站在法官面前陳述密加被殺死時，他所看到的情形。

林肯在一旁默默地聽著，最後，他站起來說：

「這個案子發生在晚上的十一點半，你說因為當晚是滿月，你看清了凶手的臉。但據我調查，當晚並不是滿月；而且在十一點半時，月亮已經隱沒。在那樣漆黑的夜晚，你怎麼能看得清楚是德夫做的呢？」

查理斯一聽，立刻臉色大變，他的謊言一下子就被揭穿了。

「我最討厭欺騙和不正當的行為，我是誠實與正義的朋友，我要盡力消滅這個社會上的欺騙事件！」林肯最後這樣說。

這雖然僅僅是一個普通的鄉下案子，但林肯卻仍然努力維持著公正與正義。最終，法庭宣判德夫無罪釋放。

辯護勝利後，這位守寡的母親想把自己僅有的四十英畝土地送給林肯，作為林肯為他們辯護的報酬。但林肯拒絕了，他說：

「多年前我因為貧困而無家可歸時，您收留了我，還供我吃飯，幫我補衣服，所以，我現在決定一分錢都不收的。」

有時，林肯在請求當事人庭外和解時，也不收他們的手續費。有一次，他甚至拒絕向某人起訴，因為他「真是不忍心這麼做，他很又窮，又是個跛腳的人」。

以上諸如此類的事情，都充分顯示了林肯的仁慈與對貧苦人們的體恤，但這也令他的收入越來越少，換來的也只有瑪麗的謾罵與吵鬧。

3

在為別人辯護時，林肯總是能夠落落大方、侃侃而談，即便官司要輸掉了，他也能急中生智，臨時想辦法挽救。

有一次，林肯與一個很有名的代理人相遇。在法庭上，這個代理人分析起來頭頭是道，陪審團已經明顯地傾向於他了。林肯也顯得有些緊張，兩條長腿在桌子底下不停地抖動著。

突然，林肯從審判桌上搶過一份報紙，就急著衝出了審判室，好像有什麼緊急的事一樣。他的行為有些滑稽，因此立刻就引起了哄堂大笑，就連法官都被他逗樂了。當然，那個代理人的強勢氣場也被打破了，他的辯護也開始變得缺乏信心。

林肯的父親湯瑪斯居住的郡裡，住著一位來自肯塔基州的名叫羅伯特·馬森的人。他是個奴隸主，擁有一些奴隸。每當農忙的時候，他就把這些奴隸帶到這裡，忙完農活後再把他們送回肯塔基州。在這些奴隸當中，有一個黑白混血的女奴，名叫簡·布萊揚，她的丈夫名叫安東尼·布萊揚。

有一年秋天，簡與馬森的管家吵了一家，管家便威脅要將簡和她的丈夫、孩子立刻遣回肯塔基，然後把他們賣到南部奴隸制猖獗的地方去。一旦到了那裡，那簡直就是水深火熱的地獄了。

安東尼因此而惶惶不安，便跑到附近的一個酒館，與那裡的老闆和拉瑟夫醫生陳述他的遭遇。拉瑟夫醫生是個很具有正義感的人，他要安東尼趕緊回去，把簡和孩子們一起帶過來。

事情發生後，馬森匆忙帶人來到酒館，要帶回安東尼一家。當時，反奴隸制的人已經聚集一堂，就等著這個刻薄的奴隸主。大家義憤填膺，拒絕了馬森的請求。

馬森很生氣，就將安東尼一家送到了牢房。

當時，伊利諾州有一條法律，允許將不服從管教的黑人出售。於是，第一次審訊此案的治安法官費克林稱自己沒有審判權，只好將這些黑人交給執法官扣留，直到登廣告賣掉為止，賺來的錢用以償還他們坐牢期間的開支。

於是，這幾個黑奴就被關押起來了，而且一關就是兩個月。

馬森還對拉瑟夫提出起訴，狀告他鼓動自己的奴隸鬧事，令自己損失了兩千五百美元。因此，他要求拉瑟夫賠償自己的損失。

這時，林肯正好巡迴到這裡，馬森便找到林肯幫忙。拉瑟夫知道林肯也是個很有正義感的人，而且一直都憎恨奴隸制，所以相信林肯一定會站到自己這邊。於是，他也找

到林肯，讓他幫助自己打贏這場官司。

可是，林肯這時已經受聘於馬森了，現在要反過來幫助拉瑟夫辯護，就必須與馬森解約才行。

拉瑟夫一聽林肯要為馬森辯護，十分生氣，瞪了林肯一眼就轉身走了。林肯看著拉瑟夫的背影，才覺得自己的做法的確不妥。於是，他試著說服了馬森與他解約，然後馬上跑到拉瑟夫家中，表示自己願意為拉瑟夫辯護。

但是，拉瑟夫只是失望地對林肯擺擺手，說自己已經找到其他的律師做辯護了。

林肯沒辦法，只好再次出面為馬森訴訟。但是，林肯此時已經沒有太多的心思做辯護了。在法庭上，他的語言虛弱無力，表情痛苦，不知不覺中，他已經向對方妥協了，最終他失掉了這場訴訟。

這件事讓林肯大受震動，他並不是在乎自己輸掉了官司，而是自己對奴隸和奴隸主的態度。當時他在答應為馬森做辯護時，並沒有考慮太多。那時他所想到的是自己是個律師，而沒想到自己同時也屬於一個政治家，因此忽視了馬森的身分。

當林肯看到拉瑟夫因為他為馬森辯護而憤怒地離去時，他才意識到自己的錯誤，因此在法庭上他也難以放開自己，無法像往常一樣慷慨激昂地為馬森辯護。可能，他也正

3

在以這種方式向拉瑟夫和那些黑奴表示歉意，同時也間接地幫助他們贏得了這場官司。

官司結束後，林肯差不多是灰頭土臉地回到春田市的。

第八章　就任國會議員

世界上極需這種人才，他們在任何情況下都能克服種種阻力完成任務。

——林肯

1

結婚後，林肯便不再競選州議員了，而是專心從事律師工作。很多人都認為，林肯會這樣生活一輩子。

事實上，林肯另有他的抱負。他越是了解民眾，抱負就越大。他認為，想要改善社會，就必須了解人民的希望，將民眾的事情當成自己的事情來做。

林肯經常與周圍的人開玩笑說：如果哪一天有人說林肯不想當國會議員，那他一定搞錯了。這不僅因為妻子瑪麗總是對林肯抱有極高的期望，就是林肯本人也希望自己能夠在事業上取得進一步的成就。

一八四六年，林肯三十七歲的這一年，正逢國會議員要選舉。

美國的國會分為參議院和眾議院，兩院的醫院都由每州投票選出。參議員的名額每州限定為兩名，眾議院的名額則依據州人口的多少來分配。

眾議員代表人民，而參議員代表州。也就是說，眾議院的意見和立法必須經過參議院的審核和決定。

在舉行眾議員選舉時，瑪麗對林肯說：

「亞伯，你不要一直待在伊利諾伊，而應該到國會去闖一闖，你一定可以當選的！」

瑪麗認為，憑藉林肯的能力，他不應該只局限在伊利諾州。同時在她心底深處，也一直希望自己能夠當個國會議員的夫人，可以在社交界一展身手。

林肯原本並沒有此意，但現在他對整個國家的興趣已經超過了對一個州的興趣。所以經過慎重考慮後，他決心競選國會議員。

這一年的五月一日，自由黨人提名林肯為國會議員候選人。這一次，林肯的競爭對手是民主黨人彼得·卡特萊特牧師。他曾經在一八三二年擊敗林肯，當選為伊利諾州的議員。這一次，他們又見面了。

為了能夠擊敗林肯，卡特萊特的手下開始到處散播流言，製造輿論，說林肯曾公開嘲笑基督教，甚至還講過「耶穌是私生子」這樣的話，指責林肯對信仰有偏見。

為此，林肯發送了一份傳單。在傳單中，他對自己的宗教觀作了一次最全面、最具體的闡述。他在傳單中特別寫到：

> 我不屬於任何基督教教會，這是事實，但我從未否認過《聖經》的真理，從未有意說過不尊重宗教的話，更沒有冒犯過任何基督教派……我認為我不會去支持一個公共敵視或嘲笑宗教的人進入官場。撇開他和上帝之間的那種永生不滅，報應循環的大道理不講，我只感到任何人都無權去傷害他可能生活在其中的公眾的感情與倫理。

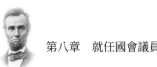

所以，假如我果真犯了這一條，那我絕不會去怨恨由此而譴責我的人。但不管是什麼人，只要他對我捏造罪名，散布流言蜚語，那我就要毫不客氣地譴責他。

一直以來，林肯都堅守著自己亙古不變的信條，那就是：不到迫不得已，他一定會站在大眾的這一邊，尊重他們，至少不冒犯他們。

有一次，林肯還專門去聆聽了卡特萊特牧師的布道。過了一會兒，牧師叫道：

「那些願意把心獻給上帝的人，那些想進天堂的人，請站起來。」

一些人聽完牧師的話，站了起來。

接著，牧師又叫道：

「所以那些不願下地獄的人，請站起來。」

這一次，除了林肯之外，所有人都站了起來。

於是，卡特萊特牧師開始說話了：

「林肯先生對上天堂與下地獄都沒有做出反應，那麼請問，林肯先生您想到哪裡去呢？」

林肯沒想到卡特萊特牧師會點名問自己，於是站了起來，說：

「我認為對待宗教上的問題應該嚴肅。我承認，卡特萊特牧師對我提出的問題是很重要的，但我並不認為我要像其他人一樣做出回答，卡特萊特牧師直截了當地問我要到哪裡去。我願意用同樣坦率的話來回答：我要到國會去。」

在場的人全體譁然。

當時，輝格黨的朋友們借給林肯兩百美元作為他競選國會眾議員的競選費。然而在整個競選期間，林肯僅僅花了七十五美分，還剩下一百九十九點二五美元，隨後他將這些錢全部還給了朋友們。

競選結果表明，林肯獲得六千三百四十票，他的民主黨對手彼得·卡特萊特獲得四千八百二十九票，而另一名廢奴主義者的候選人沃爾科特只得了二百四十九票。

林肯成功地當選上了國會議員，然而他在寫信給老朋友斯皮德時卻說：

「雖然我很感謝朋友們使我當選了，但我覺得被選入國會並不像自己所期望的那樣高興。」

但是，林肯的競選成功卻令他的夫人瑪麗·林肯欣喜若狂。她興奮地訂製了一套漂亮的晚禮服，並重新溫習法語，隨時準備著在上流社會嶄露頭角。

在給林肯的信中，瑪麗一改以往鄙夷的語氣，尊稱林肯為「敬愛的林肯大人」。但林肯卻根本不吃她這一套，很快就喝止了她。

2

林肯在國會的任期要從一八四七年十二月才開始，在就任之前，他還繼續經營他的律師事務所，到處審理案件。也正是因為四處行走，林肯和這裡最基層的人民和各種拓荒者都有過廣泛的接觸，足跡遍及周圍的十五個郡。每次街上的人們看到他的身影，都會竊竊私語道：

「這就是新當選的國會眾議員林肯。」

一八四七年十二月二日，林肯一家乘坐馬車和火車抵達了華盛頓。在這裡，林肯將以一個眾議員的身分為美國出謀劃策。

當時的華盛頓居住著大約四萬人，其中有八千多名的自由黑人和兩千多名黑人奴隸。這裡既有富麗堂皇的私邸，也有貧民窟，豬、雞、牛、羊在大街小巷到處跑。衣衫襤褸的黑人奴隸駕著運送各種產品的馬車來來往往，街上還經常能看到成群的已被賣出或將被拍賣的黑人奴隸被鏈子鎖著沿街走過。

在國會大廈的附近，林肯還看到一所監獄。他稱這裡「活像是一座黑人馬房」，因為拘押在這裡的黑人「完全像馬群一樣」，是要被趕到南部去的。

當林肯在華盛頓宣誓就職時，美國早已與墨西哥交戰二十多個月了。在美國與墨西哥之間，有一塊叫德克薩斯（Texas）的土地，人煙稀少，墨西哥一直認為這塊土地是自己的。但在一八四五年，美國卻將它編入了美國版圖。

墨西哥政府對此非常震怒，遂於第二年發動了戰事。美國方面則由泰勒將軍(Zachary Taylor）率兵迎戰，並大獲全勝。

「哇！這麼大的一塊土地都是我們的了！」美國人民都很高興。

事實上，這完全是一場不太體面的侵略戰，是由國會中一些主張蓄奴的人有計劃地鬧出來的，目的是為了讓國家多取得一些蓄奴的地域，並多選舉一些贊成蓄奴制度的議員出來。

林肯到華盛頓就職後，就對美國與墨西哥的這一戰事持否定態度，與其中的少數眾議員都不同意美國這麼做。剛剛上任不久的林肯在眾議院為輝格黨幾天前的投票辯護時聲明：

「總統發動對墨西哥的戰爭是沒有必要和違反憲法的。」

同時林肯還聲稱：上帝居然忘記保護弱小無辜的人民，竟允許這些強悍的殺人者和地獄裡上來的魔鬼盡情殺戮，使得正直人的土地荒蕪且遭受浩劫。

林肯的講話在國會並沒有引起什麼太大的震動，但卻在他的家鄉伊利諾州掀起了巨大的波瀾。緊接著，無恥、卑鄙、懦弱、叛徒等等惡意的稱呼被加在了林肯頭上，他們認為林肯給予伊利諾州的人民以嚴重的恥辱，他們為此憤怒不已。林肯一下子便失去了伊利諾州選民對他的支持。

為什麼人們不同意對的意見？林肯開始感到失望。

3

一八四八年二月，美國與墨西哥的戰爭以簽訂一項條約而宣告結束：新墨西哥和加利福尼亞割讓給美國，同時美國答應為所獲的領土付給墨西哥一千五百萬美元。

這時，林肯因為要執行輝格黨「公平合理輪換」的政策，決定不再參加國會眾議員的競選，他被派往自由土地黨人勢力咄咄逼人的新英格蘭地區去演講。

經過三天的旅程，林肯來到了麻薩諸塞州的伍斯特（Worcester），並在這裡發表演說。林肯說，輝格黨總統候選人泰勒是一個「可以把國家利益、原則和繁榮可靠地託付給他的恰當的人選」，而自由土地黨的政綱總的說來就像北方小販叫賣的褲子，「大得是可給任何大人穿，小得可給任何小孩穿」。

在選舉到來之前，林肯到伊利諾州的十多個城鎮作講演，為輝格黨候選人泰勒盡力拉票。他一再警告選民，投給自由土地黨可能會讓目前的局勢變得更糟糕。

在談到美國向外擴張要求更多的領土時，林肯引用了一個農場主關於土地的話：「我並不是貪得無厭，我只想得到與我的土地相聯接的那些地盤。」

最終的選舉結果出來後，泰勒大獲全勝。俄亥俄州選了六名自由土地黨人為國會議員，其餘各州共選了六名自由土地黨人的國會議員。從此，國會議員們就奴隸問題爭論得更加激烈了。

在參議員會議上，林肯建議除從蓄奴州來的政府官員帶來暫住的「必需的僕人」奴隸以外，不允許再將新的黑人奴隸帶進哥倫比亞特區來居住。

此外，林肯還建議，從一八五〇年一月一日起，凡是奴隸所生的孩子都應獲得自由，都應由其母親的奴隸主對其給予合理的撫養和教育。他提議，應由總統、國務卿和財政部長組成一個委員會來確定奴隸主「可能願意予以解放」的奴隸的價值。

此後，關於奴隸問題的爭吵愈演愈烈了，輝格黨、自由土地黨與民主黨之間每天大吵大鬧，激烈交鋒，但林肯卻保持了沉默。他開始感覺到時局已經越來越難以掌握了。同時他也深刻地意識到，奴隸制的廢除與保持將會給美國帶來新的、巨大的震盪。

雖然來到了國會，但林肯在這裡的政治生活並不理想，而他又失去了伊利諾州人民的支持。所以在任期屆滿後，為了不回去面對怨恨的選民，林肯想繼續留在華盛頓找份工作。

3

於是，他開始活動想要取得一個地政局局長的位子坐坐，可是失敗了。

然後，他又嘗試競選奧勒岡邊境的州長，也希望在這一州加入聯邦時能當上第一屆參議院議員，然而又失敗了。

無奈之下，一八四八年冬天，林肯又回到了春田市，在那裡他開始重操律師舊業。

瑪麗．林肯本來是打算在社交界一展身手的，結果現在她的美夢全部破滅了，所以又開始對林肯抱怨不休。但林肯卻暗自慶幸：

「再也沒有比當個鄉下律師更愜意的了！」

回到春田市後，林肯一家就住在一個小旅館裡。每天晚上，林肯總是點上一根蠟燭放在床頭的一把椅子上，再將他長長的大腳擱在椅背上，然後就以這樣的姿勢讀書，直到凌晨。

從這段時間開始，直到去世，林肯最為顯著的特徵，就是那深刻而又無法以筆墨形容的憂傷形象。甚至有時在街上走著，他也會因為太消沉而忽略在路上遇見或向他打招呼的熟人。

熟知林肯的人們都知道，他那無盡的憂傷是有兩個原因的：他的不幸的婚姻和他在政治上的失敗。

第九章　罪惡的黑奴制

給別人自由和維護自己的自由，兩者同樣是崇高的事業。

——林肯

1

林肯在去國會任職的那一年，他和瑪麗生了第二個男孩。現在，孩子們正是最可愛的時候，所以林肯在工作之餘，便是帶著兩個孩子到森林中去玩。

但是，瑪麗卻希望孩子們都像紳士一樣，不要太頑皮。瑪麗的一些衣著華麗的朋友經常來拜訪，他們往往會遇到只穿一件襯衫，在院子裡和孩子們玩耍的林肯。

「我們是在運動。」林肯這樣解釋，但瑪麗卻覺得很丟臉。

隨著歲月的流逝，林肯與瑪麗的思想差距也越來越大。林肯一回到家，要不就默默地看書，要不就逗孩子們玩，此外很少能聽到他的聲音。

然而不幸的是，老二愛德華突然因病夭折了！

這讓林肯十分悲痛，本來削瘦的臉更加凹陷了。

兩年後，老三威廉出生。又過了兩年，老四湯瑪斯也降臨到這個家庭。這時候的林肯，愁眉才稍微舒展開一些。

也許是愛上了律師的工作，也許是愛上了自己的兒子們，總之，有那麼幾年的時間，林肯幾乎淡忘了政治上的事。

但是，他那憂鬱的面孔卻一直沒有改變。因為在他的內心深處，還有一個深刻的問

題存在著：奴隸問題。

林肯認為，既然同樣都是人，就應該享有同樣平等的自由。但現在黑人被當成了奴隸，每天像牲畜一般被驅使。為什麼在以平等自由為建國精神的美國，會允許這樣的事情存在？

但是，反對者也不是沒有任何理由的，因為如果沒有奴隸，棉花的產量就會降低，美國就會成為貧窮的國家。

當然，南方的奴隸主們還以他們那一套冠冕堂皇的理論來為這種現象辯護：

「對於黑人們來說，難道這樣的生活不比流浪更好嗎？」

為了避免直接提到臭名昭著的「奴隸制度」的字眼，這些奴隸主還「親切」地稱之為「我們的制度」。在這些奴隸主看來，「奴隸們的自由是令人費解的麻煩事」。如果奴隸們獲得了自由，世界也會為之崩潰。

而且，根據當時美國的憲法，是不是要廢除奴隸制必須由各個州自行決定。廢止奴隸制的州稱為自由州，繼續存在奴隸制的州被稱為奴隸州。自由州多在北方，奴隸州則集中在農場較多的南部。

這樣一來，也的確出現了很多麻煩，黑奴們為了獲得自由，就會設法逃到自由州去。但站在農場主人的角度來說，黑人是他們花錢買來的，屬於他們的財產，當然不甘心平白無故地損失。所以，他們對自由州的做法感到很氣憤。這樣的結果，導致了州與州之間經常出現衝突。

而南方各州與北方各州的對立，其實也就等於是民主黨與自由黨之間的對立。

林肯對奴隸主們的謬論大為不解：沒有黑人的艱辛勞作，美國怎麼能有今天的繁榮？

就拿棉花來說，黑人種植、收穫了棉花，而這些成果卻被當做原料源源不斷地輸送到英國的工廠。沒有黑人的勞作，那些道貌岸然的大爺們在英國怎麼保持「體面」的生活？那些滿口仁義道德的奴隸主們，哪個會起早貪黑地在炎炎烈日下種植麥子？……

可讓林肯更不解的是，這些黑人奴隸對於自己被奴役的命運沒有憤怒、沒有怨言，只是安安靜靜地接受這種命運。他們每日辛勤勞作所換來的，是比白人小姐、太太們佩戴的項鍊更為「精緻」的鎖鏈。為何這些黑人會如此心安理得地被壓迫、被剝削、被奴役？

帶著諸多的疑問，林肯決定到現實生活中看一看黑人的生活。

2

在平原之上，低矮破舊的黏土茅舍一間挨一間，屋內空蕩蕩的。門前的小火爐旁，上了年紀的女奴們正在用破舊的鍋煮著玉米糊。林肯覺得，這與奴隸主們吹噓的供給奴隸的「美味佳餚」顯然有著天壤之別。

走到鄉間後，在炙熱陽光的無情照射下，大多數用鎖鏈拴著的黑奴都赤裸著上身揮汗如雨地工作。他們每天必須要做足十四個小時。即便是在風雪交加的寒冷冬天，每天至少也要做上十個小時。即便如此，他們的工作強度仍然滿足不了奴隸主的胃口。

為了得到更多的「剩餘價值」，代表奴隸主們行使權力的監工可謂是「盡職盡責」。在黑奴與馬匹間揮動著長鞭的監工，不時得大聲吆喝或謾罵著。一旦哪個奴隸稍微有些鬆懈，得到的就是監工們的一頓毒打。在人群當中，隨時都會傳來被毒打的黑奴們痛苦淒慘的叫聲。

在日暮時分，熬過了一個白天的勞作後的黑奴，會帶著沉重的鎖鏈，排著隊，拖著疲憊不堪的身體收工。然而在回到住地前，黑奴們還要接受監工們肉體上的再次洗禮。他們必須站成一個半圓，冷酷的監工陰森森地喊著幾個黑奴的名字，命令他們到體罰場上來，接受再次的懲罰。因為這幾個奴隸一定是白天勞作時觸犯了奴隸主立下的諸多規矩。

2

監工抽打奴隸的技術也是十分「了得」的，他們會將奴隸打得皮開肉綻，痛苦難忍，但卻又不會傷及他們的骨頭，以保證第二天這些奴隸依然可以照常勞作。

經過這樣一番暴風雨的折磨後，黑奴們才被允許回到各自的茅屋。他們一個個神情木然，表情呆滯。如果說生活中還有什麼是他們所期待的，可能只有那盛在破鍋中的玉米糊了。

黑奴的一切都是被奴隸主所控制和支配的，包括生與死。如果哪個不堪忍受折磨的黑奴想要逃脫，那將是一件十分冒險的事。因為奴隸主們養著一批專門抓捕奴隸的爪牙，他們會像圍捕野獸一樣將逃跑的黑奴圍起來，再將他逼到無路可退的地方，讓他飽受痛苦折磨之後，再將其殺掉。

林肯在閱讀一本哲學著作後，曾經就有關邏輯學的內容寫下了這樣一個著名的推理，並將奴隸問題引入了這個思路當中：

「既然甲確證他有權奴役乙，那麼乙就不能抓住同一論據證明他也可以奴役甲嗎？你說因為甲是白人而乙是黑人，那麼也就是根據膚色了。難道膚色淺的人就有權去奴役膚色深的人嗎？那你可要當心。因為按照這個邏輯，你就要成為你所碰到的第一個膚色比你更白的人的奴隸。你說你的意思不完全是指膚色嗎？那麼你指的是白人在智力上比黑人優異，所以有權去奴役他人嗎？這你可又要當心。因為按照這個邏輯，你就要成為你所碰到的第一個智力比你更優異的人的奴隸。你說這是個利益問題，只要你能謀取你的利益，你就有權去奴役他人。那麼好吧，如果別人也能謀取他的利益，他也就有權奴役你了。」

這段話巧妙地折射出了白人與黑人之間那種不平等的奴役與被奴役的關係是極其不合理的。林肯是要告訴每一個白人：你無權奴役任何黑人。同時，他也在告訴每個黑人：你不應該被白人所奴役。

因此，林肯對拍賣奴隸的行為更是厲聲詛咒。林肯的好朋友比爾．格林回憶說：

「在他駕駛平底船去了一趟紐奧良後，只要有人提起黑人的事，他就會變得表情十分嚴肅，隨後便給你描述在紐奧良看到的奴隸主拍賣奴隸的情景，以及奴隸主怎樣拍賣一戶黑人之家的。他們把丈夫賣給一個種植場主，把妻子賣給另一個種植場主，孩子則分別賣給出價最高的買主。他覺得這可惡至極。一談起這種拍賣，他就感到噁心，並且一個勁地厲聲詛咒，深惡痛絕。我聽他說過，他寧可一輩子管理鋸木房，也不願去拍賣奴隸；他寧可一個人獨自經營整個農場，也不去買黑人的孩子，把他們從父母身邊奪過來。除了談起那次拍賣黑奴的事之外，我從未聽他罵人詛咒過！」

也正因為具有這種強烈的「黑奴情結」，林肯後來才成為美國歷史上解放黑奴的巨人。

3

一八五〇年，林肯雖然身在春田市，但卻非常關注首都華盛頓一年之中所出現的政治動亂和險惡局勢。因此，他還大量閱讀《國會環球報》以及其他報刊讀物等，時刻都在感受著時代的弦音。

當時，美國輝格黨的創始人，曾任國會議員、國務卿的亨利．克萊（Henry Clay，西元一七七七至一八五二年），一直都在鼓吹南北調和妥協。他還在一八五〇年一月提出了一項「綜合法案」，這項法案又被稱為「大妥協案」。經過修改，這一法案於該年九月由美國國會以一系列單個法案的形式通過。

「綜合法案」規定：准許加利福尼亞以自由州加入聯邦；新墨西哥和猶他兩地將成為準州，即成為美國聯邦政府統治下的具有有限自治權力、但尚未取得州一級資格的屬地，有關奴隸制是否禁止由這兩個準州自行決定；德克薩斯倘若放棄對新墨西哥邊界領土的要求，並將它的其他邊界也固定下來，則撥款予以補償；哥倫比亞特區的奴隸買賣應予取締，但鑑於哥倫比亞特區的土地是由馬里蘭州劃歸聯邦政府的，所以只要馬里蘭州堅持，特區的奴隸制就應繼續保留。

此外，這一法案還通過了新的逃亡奴隸法，即：奴隸主有權前往北方各州追捕從南方逃亡過來的奴隸，認領奴隸的所有權問題不由陪審團裁定，而是由一名經過授權的聯邦官員判決。如果判決有利於黑人，該官員可得五美元的報酬；如判決有利於奴隸主，則可以收取十美元的報酬。

同時還規定：凡協助黑人外逃的人，都要處以罰款和監禁。

亨利．克萊認為，南北兩方只有互相妥協，互相讓步，聯邦才能得救。

然而歷史事實證明，一八五〇年美國通過的「大妥協案」並沒有消除兩種社會制度之間的尖銳衝突。四年之後，即一八五四年，南北鬥爭終於在堪薩斯準州發展成為大規模的武裝衝突。當時，堪薩斯準州正式組成，一些騎馬的武裝分子從蓄奴的密蘇里州越境衝入堪薩斯準州，與來自新英格蘭的廢奴主義者展開激烈的戰鬥，以爭奪對堪薩斯準州的政治控制權。

在當時的情況下，美國第十四任總統富蘭克林．皮爾斯（Franklin Pierce，西元一八五三至一八五七年）不准許聯邦進行干預，因此，堪薩斯準州通過居民投票後便成為蓄奴州，政治衝突也逐漸演變成為內部衝突，從而成為美國內戰的序幕。

在國會就亨利．克萊提出的「大妥協案」進行最激烈的爭論之時，南方的領導人曾發出恐嚇，聲稱他們要將駐紮在具有爭議的新墨西哥領土上的聯邦軍隊趕走。

這種威脅性的挑戰激怒扎卡里．泰勒總統（Zachary Taylor）。泰勒對「大妥協案」根本不屑一顧，如果不是因為他在當年的七月九日突然病逝了，那麼這個法案很可能就會遭到否決。因此，丹尼爾．韋伯斯特（Daniel Webster）認為，是泰勒的死造成了一八五〇年內戰的爆發。

同樣都是美國人，為什麼即將走到互相殘殺的地步？南北兩方的人，彼此都在嚴厲地指責對方。這也讓林肯的困擾隨之愈來愈深了！

不巧的是，林肯所屬的自由黨由於一直沒有出現得力的領袖，終於在這個時候瀕臨解散。

一八五四年，原來的一些自由黨的重要人士重新組織了共和黨，林肯就在這個時候加入了這個新黨。

而共和黨用來對抗民主黨的，就是奴隸問題。對於這個問題有著深刻了解的林肯，不久以後也成為該黨的領導人之一。一直在鄉下生活的林肯，終於再一次站了起來，為正義和自由開始艱苦的爭戰了！

第十章　再次崛起與失敗

確信無法突破的時候，首先要選擇的是等待。

——林肯

1

在一八四〇年「大妥協案」通過之時，華盛頓市內禮炮轟鳴，群眾們歡快地舉行盛大的遊行，以慶祝該法案的通過。因為脫離聯邦和隨之可能發生的國內戰爭已經被制止，人們覺得此後可以高枕無憂了。兩年之後，林肯在談到這次和平時還曾經說過：

「國家安然地度過了種種險境，它現在是自由、繁榮、強大的。」

一八五二年六月，制定「綜合法案」的亨利．克萊去世了。春田市的所有店鋪都關門致哀，參加追悼的人列隊前往州眾議院大廳。

在眾議院大廳中，林肯追述了亨利．克萊漫長的一生，概述了亨利．克萊是如何用自己的穩健和智慧，在聯邦眼看就要分裂之時，幾次保住了聯邦統一的經歷。他引用克萊的話說：

「把非洲的兒女歸還非洲，這是合乎道德的想法，因為他們的祖先是被人用欺騙和暴力的手段殘酷地從非洲搶來的。當他們在一個異國生活了一段時間之後，他們將把宗教、文化、法律和自由等豐碩的成果帶回到自己的故鄉去。」

與亨利．克萊一樣，林肯也將希望寄託在把那些被奴隸制當做私人財產的奴隸買過來，然後再將他們移植到非洲去。他們兩人都責怪那些歡迎聯邦分離的激進的廢奴主義

者，但也同樣譴責那些將奴隸制奉為天經地義，並為保持這種制度而準備脫離聯邦的南部傲慢的奴隸主。

到一八五二年，林肯擔任輝格黨的領袖已經二十年了，差不多與伊利諾州所有活躍的輝格黨地方領導人都握過手。從林肯在一八五二年競選運動中的七次演講來看，他似乎只是本黨中的一個聽話的黨員，只對候選人略加評論，而不談論任何重大的問題。

事實上，林肯已經覺察到了國內人口的激增和政治氣候的劇變。在短短十年內，從海外來的移民高達兩百六十萬人，其中有一年就來了四十萬人。

造成美國人口急劇成長的原因很多，但主要原因有兩個：

一是一八四八年歐洲爆發了一場聲勢浩大的資產階級民主革命，這場革命也遍及了歐洲幾乎所有的國家。革命的目的，是意在消滅封建制度和異族壓迫，建立獨立統一的國家。然而這場革命最終被反動派鎮壓下去，於是就開始了瘋狂而殘酷的白色恐怖時期。所以，歐洲各國參加革命的群眾就紛紛移居美國，以保平安。

二是一八四八年一月在加利福尼亞的科洛馬（Coloma）發現了大金礦，致使全美及全球各地來的人流都紛紛湧去「淘金」。「淘金熱」也使美國人口出現了爆炸性的增加局面。

1

曾是野兔和地鼠出沒的草原上，現在出現了許許多多的小鎮。隨後，小鎮又擴展成為城市，城市又發展成為大都會。一個充滿青春活力、在動盪中飛速發展的美國，正在向著一個不可預知的未來世界挺進。

而政治氣候方面的劇變，起因則是日益激化的奴隸制爭端。

一八五四年，一個名叫安東尼·伯恩斯的奴隸逃亡案件震撼了整個美國。其實在當時，一些戲劇性的奴隸逃亡事件在全美已經是司空見慣的事了，然而為了抓捕這個從維吉尼亞州的一家種植場逃出，後來又潛藏在一艘開往波士頓貨船上的奴隸，聯邦政府居然動用了大批的軍警，耗資多達四萬多美元，從而成為從未有過的大案件。

當這個倒楣的黑人奴隸最後被抓獲，並被重兵騎警押上駛往維吉尼亞的一艘輪船上時，整個波士頓市的店鋪都關門了，所有門窗也都掛上了黑紗，街道兩旁排滿了哀悼的人群。

正是在這樣一類爆炸性事件以及日益激化的奴隸制爭端當中，史蒂芬·阿諾·道格拉斯成為北方民主黨當中引人注目的主要領袖之一。

2

道格拉斯出生於一八一三年，是個野心勃勃的傢伙，曾任伊利諾州國會參議員長達十五年之久（西元一八四七至一八六一年），並一貫主張向奴隸主妥協。民主黨內的一批少壯派還想推舉他做一八五二年的總統候選人。

一八五四年初，道格拉斯在國會提出了著名的「堪薩斯——內布拉斯加法案」，使之獲得通過並成為法律。根據這一法案的規定，各準州政府可以決定其在轄區範圍內允許或禁止蓄奴，中央議會對這一點不能加以干涉。

然而，這一被稱為「人民主權論」的政策事實上也等於徹底廢除了亨利．克萊於一八二〇年提出的解決南北地區性分歧的美國第一個妥協案——「密蘇里妥協案」(Missouri Compromise)，這將必然會使奴隸制度蔓延到北方諸州。

道格拉斯的話引起了北部的一片罵聲，譴責他是「一個出賣自己人格的無恥之徒」。因此，北部反法案派在道格拉斯提出法案的第二天便發表了〈致獨立民主派的呼籲書〉。他們稱，該法案為奴隸主的陰謀，而且違反了「密蘇里妥協案」和「一八五〇年妥協案」。林肯也指責道格拉斯所提出的這一法案，其實是為了籠絡南方各州的選民來推舉他為民主黨的總統候選人。

2

恰好在這個時候，斯托夫人（Harriet Elizabeth Beecher Stowe）的著名小說《湯姆叔叔的小屋》（Uncle Tom's Cabin; or, Life Among the Lowly）出版了。它用活生生的事實告訴人們，在美國的南方，奴隸的家庭經常被粗暴地拆散，奴隸們像商品一樣被出售，常常被弄得妻離子散。

這部小說打動了人們的心，對於美國歷史發展的進程也產生了極其深刻的影響，特別是對美國人民反對奴隸制度的鬥爭起到了重大的推動作用。而對於南方的奴隸主集團來說，這部小說算得上是一個沉重的打擊。

一場深重的社會危機出現了，由誰來對道格拉斯的倒行逆施行徑提出批評，以順應歷史發展的趨勢，力挽狂瀾呢？

在四十五歲以前，林肯在全國範圍內並沒有多大的聲望。而此前又因為他對波爾克總統（James Knox Polk）發動的墨西哥戰爭進行了直言不諱的指責，再次削弱了自己在伊利諾州的影響。然而，道格拉斯提出的「堪薩斯——內布拉斯加法案」卻為林肯造就了一個有利的時機，令林肯自此得以一鳴驚人，脫穎而出。

這時，瑪麗極力地鼓動林肯，甚至使用激將法：

「亞伯拉罕，這個道格拉斯太倡狂了，簡直就是出爾反爾，為了自己當總統，竟然

做出這種無恥的事情來！」

「我看那個道格拉斯的實力根本不如你，如果你現在是國會議員，肯定能揭穿他的陰謀，讓他不能得逞！」

瑪麗的話讓林肯感受到了一種神聖的歷史使命，並且也讓林肯意識到自己的能量，產生了一種「舍我其誰」的政治激情。

那天晚上，林肯長坐在壁爐旁邊，旺盛的爐火灼烤著他那顆劇烈跳動的心。他在思索很久後，用一種極其深沉的聲音問瑪麗：

「你說，一個國家一半是奴隸制，另一半是自由制，它能夠長存下去嗎？」

而自信心旺盛的道格拉斯，此時依然固執地到各地開展演講活動，到處發表演說，宣揚他的不合理主張。

一八五四年十月三日，當他到春田市時，連續演說了三個小時，不斷地抨擊別人，為自己辯護。他還矢口否認自己立法制定某個地域可以蓄奴，或某個地域不可蓄奴等事，並強調應該由當地的人們按照他們自己的意願來決定有關蓄奴的任何問題。

「當然了，」他大聲地喊道，「如果堪薩斯和內布拉斯加的人民有辦法治理自己，他們也必能管理少數的黑奴。」

演講結束後，道格拉斯的支持者們發出雷鳴般的掌聲和歡呼聲，而反對「堪薩斯——內布拉斯加法案」的人們則有些沉不住氣了。

林肯坐在前排的附近，仔細地聽著道格拉斯嘴裡冒出來的每一個字，並且推敲著他身邊的每一個議論。當道格拉斯演講完畢，林肯走到了大廳的出口處，然後朝著向外湧動的人群宣布：

「請明天下午兩點到這裡來，我明天要剝下他的皮並掛在籬笆上面！」

3

第二天下午兩點整，林肯準時出場了。這一次，他做了有生以來最偉大的演說。

在林肯演講過程中，群眾不斷爆發出經久不息的掌聲和喝采聲。他慷慨激昂地演講了三個小時，將蓄奴的歷史深刻地檢討了一番，並舉出五點理由來反對這種不合理的制度。他認為宣布「密蘇里妥協案」作廢是錯誤的，「錯就錯在它帶來了讓奴隸制進入堪薩斯和內布拉斯加這個直接後果，錯就錯在它讓奴隸制擴展到廣闊天地的每一個角落」。

「我痛恨這個意想不到的結局，」林肯憤怒地說，「是因為奴隸制本身極其不公正。

我痛恨它，是因為它使我們的共和國失去了在世界上的公正影響，使自由制度的敵人能夠罵我們偽善。」

「使自由的真正朋友懷疑我們的誠意，」然後他在自己的感情與《獨立宣言》之間牽了一條線，「尤其是因為它促使我們自己當中有那麼多好人公開反對公民自由這一最基本的原則，批評《獨立宣言》，硬說是只有私利，沒有其他正確合理的行為原則。」

但是，林肯也覺得現行的奴隸制度不知該怎麼辦才好：

「當南方的人民向我們聲明，他們正如我們一樣，對於奴隸制度的建立是不應負責的，我只能承認這個事實。若說這一制度現今的存在，實在是不知該如何圓滿地廢除它，我也能夠明瞭並贊同這個說法。我絕不會因他們做不了一件連我本身都不知道如何去做的事來非難他們。即使這世上所有的權利都屬於我，我還是不知該如何處理這種制度。」

演講到最後，林肯以極其有力的強調向大眾呼喊：

「你可以廢除「密蘇里妥協案」，廢除一切妥協案，廢除《獨立宣言》，廢除過去的全部歷史，但你廢除不了人的本性！」

林肯的演講持續了三個多小時，台下的道格拉斯聽得不斷顫抖，因為林肯的發言讓

3

他感受到了一種強勁的力量。他不時地故意打斷林肯向他發問，但林肯總是不疾不徐、細緻周到地回答他的每一個問題，然後重新開始他那生動有力的演講。

這場演講讓道格拉斯如坐針氈，難受極了。但他還不甘落後，繼續四處演講，對人們說：

「林肯先生明目張膽地鼓吹一次地區之間的戰爭，一次北部反對南部、自由州反對蓄奴州的戰爭，這將是一次毀滅性的戰爭，它將無情地繼續下去，直到不是這一方就是那一方被征服，直到所有的州都成為自由州或蓄奴州為止。」

為了駁斥道格拉斯的觀點，林肯寫信向格拉斯挑戰，要求辯論，道格拉斯接受了。於是，他們兩人準備在全州七個不同地區的城市講臺上對壘，在各種問題上進行較量。

對於他們的辯論，整個伊利諾州都在注視著，整個美國也都在傾聽著。林肯和道格拉斯每換一個地方，聽眾也不斷地跟著增多。

最終，道格拉斯在這場大辯論中被擊敗了。

林肯的機會來了，因為接下來就是選舉，此時道格拉斯的民主黨已經失去了民心，這是一個絕好的機會。如果能進入國會參議院，那簡直是太好了。而且此時的林肯也已四十五歲，年紀不算小了。

當林肯的名字一被提出來時，便立刻獲得了通過，現在他已經成為參議員的候選人了。他的對手是謝爾茲和特倫布林．李曼。謝爾茲是道格拉斯的忠誠追隨者，取勝的希望並不大；特倫布林是從康乃狄克州到伊利諾州開辦律師業務的，是個民主黨人，但他現在因為內布拉斯加問題而反對道格拉斯。林肯覺得，自己的勝算還是頗高的。

一八五五年二月八日，選舉開始了。第一輪的投票結果表明，林肯是有希望的，以四十四票對謝爾茲的五十二票和特倫布林的五票。這個結果也表明了林肯的實力。然而接下來後，形勢便急轉而下，林肯的選票一輪比一輪少。到第十輪投票結果揭曉後，特倫布林當選了。

這一次失敗讓林肯感到了一種前所未有的憂鬱。他再一次回到律師事務所，坐在黃昏的陰暗之中，低垂著頭，沉思默想……

事實上，林肯此時不僅在為自己的落選而苦悶，而是對整個國家的現狀感到茫然和困惑。奴隸制問題已經給國家造成了嚴重的混亂，全國上下動盪不安，林肯很想找到一種解決的辦法。

一週後，林肯再一次走過一望無際的草原，從一個鄉間法庭趕向另一個法庭。只是，他的心已經不在法庭上。如今除了政治之外，他不再談其他任何事。他說，每逢想起有幾萬人淪為奴隸，他就心痛。

4

一八五七年，又發生了一件事。

密蘇里州一個名叫德雷德・史考特（Dred Scott）的黑人，原來是個奴隸，後來在別人的幫助下，他接受了教育，並成為一名醫生。於是，他上訴要求獲得自由。

然而，法院的判決卻是：

「黑人不是美國的公民，法院無法接辦此案。依照美國的法律，奴隸是主人的財產，法院無法維護其自由。」

德雷德再次向美國最高法院提出申訴，結果仍舊一樣。

這件事雖然是德雷德一個人的事，但影響卻十分嚴重。因為最高法院都認為黑人沒有自由，那麼這項判決如果正確的話，也表明黑人如果逃到自由州去，主人一樣可以把他抓回來。這對美國的黑人來說，簡直是一點保障都沒有。

這一判決讓南方各州很滿意，但主張解放奴隸的人卻感到很遺憾。當這一判決公布時，北方人民簡直就是義憤填膺。

一八五七年六月，道格拉斯為最高法院的這一判決書進行了辯護。他煞有介事地斷言，《獨立宣言》的簽署者「在宣稱一切人生來平等時，指的只是白種人，沒有指非洲人。他們說的是美國大陸上的英國居民，同生在英國並住在英國本土的英國居民是平等的。」

林肯正為德雷德的事件憤怒不已，他認為解放奴隸不只是拯救可憐的黑人，也是為了維護美國的自由精神。因此在道格拉斯發表演說之後，林肯針對道格拉斯的謬論，給予了嚴厲的駁斥。

一八五八年，林肯四十九歲這一年，參議員的選舉又開始了。

六月十六日，伊利諾州共和黨大會在春田市舉行。大會一致通過了一項決議：「亞伯拉罕·林肯是伊利諾州共和黨人為國會參議院選出的第一位、也是唯一一位參議員候選人，他將接替史蒂芬·阿諾·道格拉斯的參議員席位。」

當天晚上，林肯在州眾議會大廳發表了他一生當中最為出色的演說之一。

林肯在演說中說道：

> 如果我們能首先了解我們的處境和傾向，那麼我們就能更好地判斷我們應該做些什麼，以及怎樣去做。自從開始執行一項有著公開宣布的目標和充滿信心的諾言政

> 策以來，迄今已是第五個年頭了。這項政策旨在結束由於奴隸制問題而引起的動盪不安，可是在貫徹這項政策的過程中，動盪不僅沒有停止，反而愈演愈烈。在我看來，不到危機臨頭和危機過去之後，動盪是不會停止的。『一幢裂開了的房子是站不住的』，我相信這個政府不能永遠保持半奴隸和半自由的狀態。我不期望聯邦解散，我不期望房子崩塌，但我的確期望它停止分裂。要不就全面實施奴隸制，要不就全面自由化，非此即彼。或者讓那些反對奴隸制的人制止這種制度繼續蔓延下去，並讓廣大民眾相信奴隸制將消亡下去；或者讓那些鼓吹奴隸制的人全面得勢，使奴隸制在全聯邦確立合法地位，不管是新州舊州，也不分地域南北。

林肯的演講淺顯易懂，即使是不識字的農民也可以清楚地理解他的意思。許多報紙都全文刊登了林肯的演說，但人們最感興趣的，還是林肯的演說以「裂開了的房子」對國家制度所做的比喻。很快，這一說法就迅速遠播四方。

也許是林肯慷慨正義的演說發揮了作用，支持林肯的人越來越多。特倫布林首先站出來表示支持林肯，那個著名的逃亡黑奴德雷德也特地趕到伊利諾州聲援林肯，還有一位激烈的德裔美國改革家，也曾在一個外籍投票者面前控訴道格拉斯；而親共和黨的報紙更是以駭人聽聞的標題稱道格拉斯是「一個偽造者」。

十一月二日，參議員的投票競選正式開始了。最終林肯如願以償，以總票數十二點五萬票超過了道格拉斯的十二點一萬票。儘管這一次林肯獲得的票數稍多於他的對手，但他的對手卻贏得了更多郡的支持，這也使道格拉斯在州議會中獲得了百分之五十四的選票支持，林肯再一次敗下陣來。

「這是我的聲望不夠，但很感謝大家的幫忙！」

林肯說完，拿起帽子，消失在雨中……

雖然林肯在競選上被道格拉斯擊敗多次，但他的演說卻從此更加深入人心。過去一直反對廢止奴隸制度的人，也漸漸轉而支持林肯了。尤其是開墾區的農民，對林肯的演說印象極其深刻。「裂開的房子是站不住的」，成為農民們奉行的真理。

林肯再一次回到了他的律師事務所，但很快他就沒有時間再為這次失敗而沮喪了，因為他已經一貧如洗，不得不借點錢來解決全家的肚子問題。長久以來，他都一直在開銷而沒有進帳，現在他不得不舉債度日。

於是，他又重新駕著那輛破舊的馬車，在草原上的法庭間開始巡迴「旅行」。

4

第十一章　向總統寶座進擊

為了贏得勝利，也許你不得不做一些自己不想做的事。

——林肯

1

選舉失敗後，林肯又開始繼續他的律師工作。有一天，在布明頓辦完事後，林肯在回客棧的路上遇到了當地一個名叫傑斯．費爾的名人。

費爾拉住林肯，對他說：

「我正有事要找你呢，這裡剛好遇到你。」

然後，費爾鄭重其事地告訴對林肯說：

「不久以前，我到過東部很多地方，沒想到到處都有人在議論你，這讓我很驚訝。你知道，道格拉斯很有奮戰精神，這也讓大家對你更加有好感。像你這樣的人，競選總統一定是沒有問題的。怎麼樣，下次競選你是不是考慮試試看？當然，你還是必須堅持你在奴隸問題方面的立場。」

費爾的話讓林肯大吃一驚。

「這是不是太開玩笑了？雖然伊利諾州的人都認識我，但其他州卻根本不知道我這個人。我相信共和黨中一定有更加傑出的人物，說什麼也輪不到我這個鄉下律師競選總統呀！」

「不，林肯，你太不了解自己了。雖然你過去一直在鄉下，但你出來競選總統絕不

會輸給別人。現在，美國群眾對政治界的名人多半都不抱什麼指望，他們不在乎你是不是鄉下律師，他們需要的是一個有信念的人站出來領導他們。而你，就是一個堅守信念的人。只要你認為對的，就會不顧一切地勇往直前。而且，你在艱苦的環境中長大，最能了解民眾的痛苦。你就試試吧！

「現在，美國到處都在搞分裂，只有在政治界中未曾有過恩怨的人，才能擔當重任。我觀察了很久，認為你是最理想的候選人。」

費爾誠摯而認真地鼓勵林肯。

林肯沉思了良久，然後望著費爾說：

「謝謝你，費爾！聽到你的這一席話，我更加了解我的演說被接受的程度了，我也更加有信心了。」

林肯微笑著告別了費爾。

就在林肯繼續擔任律師的時候，全國各地的各種演講邀請也如雪花般飛到伊利諾州，讓林肯應接不暇。

隨著他身為一名演說家和思想家的地位越來越高，林肯在為人處世方面也變得更加穩重恰當，思想也變得先進而不激進。在前往伊利諾州、印第安納州、俄亥俄州、堪薩斯

1

州等地旅行演說過程中，林肯廣泛地了解了各種政治潛流及公眾情緒，也會晤了一些即將參加一八六〇年共和黨全國代表大會的代表。

一八五九年九月，林肯在俄亥俄州哥倫布市發表演說，指出威脅聯邦的唯一因素是奴隸制的不斷擴展。在哥倫布市演講的第二天，林肯又在辛辛那提宣稱：

「我們必須防止奴隸制的擴展，我們必須防止非洲奴隸貿易的死灰復燃，同時阻止國會頒布准許州奴隸法。」

一八六〇年二月，林肯受邀到紐約去做演講。

為了解決奴隸問題，林肯可謂不放過任何機會，但這次是在美國第一大都市紐約進行演講，讓他不免有些緊張。

當林肯抵達庫巴協會時，發現大廳中已經擠滿了前來聽他演講的人們。因為此時的林肯在人們的眼中就是一個解決奴隸問題的鬥士，大家都很想看看這個人到底什麼樣，他的演講到底有多精彩。

然而當林肯站上講臺時，許多人開始感到失望了。因為講臺上的林肯又瘦又高，穿著一件滿是褶子的黑呢西服，完全像一個農夫，而且還有些緊張。

林肯清了清嗓子，開始演講了。起初他的語速緩慢，用字造句也十分平常，沒有任何吸引人的地方。這對一些聽慣了政治演說的人來講，實在沒什麼新奇之處。

然而隨著演講逐漸深入主題，林肯的情緒也漸漸高漲起來，他那低沉的聲音似乎具有了某種魔力，聽眾慢慢地都被吸引住了。而且，聽眾們也覺得林肯對當前的奴隸制爭端有著獨特的見解，對激起公憤的原因也剖析得細緻入微，他的講詞也是深入淺出，娓娓道來，每一句話都在打動著聽眾的心。

在演講中，林肯駁斥了將共和黨說成為「地方性」小政黨的誣衊，認為那只是南方竭力要使奴隸制不斷擴展的產物。他明確地宣布，共和黨人既不是激進的，也不是革命的，而是繼承了那些制定憲法的「先輩們」優秀傳統的人。

但是，「我並不是說我們非要盲目地遵照我們先輩的所作所為，不敢越雷池一步，那樣會排斥現代經驗的成果，會故步自封，拒絕一切進步和改良了」。

針對有些人揚言說他們「不能容忍選舉一名共和黨人做總統」，好像共和黨人當了總統，就會毀滅聯邦一樣。「到那時，你們會把毀滅聯邦的滔天罪行硬栽在我們頭上！這實在是無恥至極。這就彷彿攔路搶劫的強盜用手槍對準我的腦門，惡狠狠地說：『站住，留下買路錢！不然我就宰了你，你還逃不脫殺人的罪名！』」

這時，聽眾都屏息靜氣，全場鴉雀無聲，人們都被林肯高超的演講技巧深深地吸引住了。激動的人們逐漸圍到林肯面前，圍成一堵密實的人牆，黑鴉鴉的一大片。

接著，林肯又繼續闡述那些造成南北隔閡分裂的癥結所在，並且深刻地分析了它的歷史淵源。他說：

他們（指南方奴隸主們）認為奴隸制是正確的，而我們卻認為它是錯誤的。這就是一切爭論的根本癥結。既然他們認為奴隸制是正確的，也就不能責怪他們提出承認奴隸制的要求了；而既然我們認為它完全錯誤，我們就不能讓步，不能放棄自己的觀點去投票贊成他們。

林肯進一步指出，如果想要在正確與錯誤之間尋求折中，那簡直就像「找個不死不活的人那樣徒勞無益」。

林肯最後號召：

「讓我們堅信正義就是力量，讓我們懷著這個信念勇挑重擔，堅持正義、百折不撓！」

會場頓時一派沸騰，人們盡情歡呼，叫聲和掌聲震撼如雷。聽眾們都紛紛擁上前去，爭著與林肯握手擁抱。原來那些想要阻止他演說的人，現在也都改變了態度。

林肯的這次演講十分成功，過去那些主張解放奴隸的人只知道南方的人不太講理，

但他們卻不知道隱藏在這些問題背後的真理。現在林肯告訴他們，廢止奴隸制度，是為了爭取人類的平等與自由，也是為了全美國的統一。

聽眾們對林肯崇高的理想和強烈的信念極為感動。

「我們就應該選這樣的人當總統。」當晚，許多人都這樣想。

2

一八六〇年六月，民主黨全國代表大會在巴爾的摩召開。會議的結果是民主黨內部分裂，南北兩方各自選出了自己的總統和副總統候選人。

而在年輕強大的共和黨內，呼聲最高的為薩蒙．波特蘭．蔡斯（Salmon Portland Chase）與威廉．亨利．西華德（William Henry Seward）。蔡斯是一位反對奴隸制的激進派，曾兩次擔任州長，又當過一屆國會議員；西華德曾任紐約州長長達四年，又任紐約國會參議員十二年，有著長期的從政經驗。一八五八年十月，西華德在談及奴隸制問題時，曾嚴詞駁斥了有關誣衊，聲稱那並非「狂熱的宣傳鼓動者煽風點火的結果」，而是「一場頑強、對立的勢力相互之間不可制止的衝突，它意味著美國遲早要不就成為一個純粹的奴隸制國家，要不就成為一個純粹的自由勞動國家。」

2

而林肯是在共和黨內爭奪總統候選人寶座的潛在對手。他一面沒有提名競選總統的表示，一面又在各地演講，聲名鵲起，當選總統的呼聲甚至遠遠超過西華德和蔡斯。

在一八五九年的整整一年中，林肯旅行了四千多英里，為共和黨作了二十三次競選演講。他在美國土地上留下的足跡，遠遠超過該黨的任何一個總統候選人。

身為一個出身於社會底層的政治家，林肯非常反對「靠金錢進入競選場」。有一次，堪薩斯州負責林肯競選事務的馬克．特拉海向林肯索討競選經費，遭到了林肯的拒絕。他說：

「我不能靠金錢進入競選場，因為這從根本上說就是錯誤的，這是第一；第二，我也沒有錢。我認為，靠金錢辦事是引不起興趣的。當然了，在政治競選中為某些目的花點錢本屬正當，也在所難免。」

一八六〇年五月九日至十日兩天，共和黨伊利諾州代表大會在該州的迪凱特召開。林肯年輕時經常駕車到那裡去。來自各地的黨內積極分子都聚集在市內的旅館中，商量著這次總統選舉伊利諾州該推舉誰為總統候選人。

這時，從外面傳來一陣熱鬧的樂隊吹奏聲，還夾雜著一陣接一陣的叫好聲。眾人出來一看，只見一輛牛車上豎著兩根柵欄木條，木條上還紮有旗子和飄帶，正從街上走過。旗子上寫著：

> 亞伯拉罕．林肯，劈柵欄木條的一八六〇年總統候選人，這是一八三〇年漢克斯和亞伯拉罕．林肯合劈的三千根柵欄木條中的兩根。林肯的父親是梅肯郡的第一位拓荒者。

而林肯的表舅約翰．漢克斯正站在牛車上得意洋洋地向大家講解：

「請大家聽我說，三十年前，我跟『誠實的亞伯拉罕』一起來到這裡建造木房子定居時，森林裡還經常有狼出沒。在草原上，也只有一條道路。亞伯拉罕雖然比我要小十歲，但他的身材早就長得很高了。所以，那時候他經常拿著斧頭去砍樹木，一天可以砍下上千根木樁來。車上的這兩根木樁，就是那時候他砍下來的。」

大家剛剛還只是好奇地輕聲念著旗子上的字，現在聽完漢克斯老人的話後，便開始大聲叫好，隨後漸漸激動起來，發瘋般地為林肯歡呼起來。人們大聲喊著：

「亞伯拉罕，你說話呀！」

林肯從容地站起來，向大家表示感謝。這時，歡呼聲再一次響起：

「為誠實的亞伯，為我們的下屆總統歡呼！」

從此，林肯就有了兩個外號：「劈柵欄木條者」和「劈柵欄木條的候選人」。

林肯後來才知道，這個戲劇性場面的設計者並不是他的舅舅，而是當地的律師理查．歐格司比（Richard J. Oglesby），是他透過林肯的舅舅去再現「誠實的亞伯」早年的質樸和艱辛的。理查認為，這樣的總統候選人才是相信任人民，與廣大人民心心相印、息息相通的。

3

五月十六日，共和黨全國代表大會終於在芝加哥召開了，各州代表都前往出席，準備選出總統候選人。

林肯並沒有出席這次大會，他像往常一樣，吃完早飯後就去了律師事務所。但是，芝加哥打來的電報卻從未間斷過，不停地報告著投票的情況，這也令林肯跟著緊張起來。

第一輪投票，西華德領先；第二輪投票，賓夕法尼亞州投給林肯五十二票，於是競爭激烈起來。到了第三輪開票時，西華德終於輸給了林肯。

一瞬間，會議大廳內有一萬多人因過度興奮而突然呈現出半瘋狂的狀態，有的人跳上座位狂喊大叫，有的人用帽子在別人的頭上猛打。屋頂上也鳴起了大炮，街道上的三萬多人一齊歡呼！

林肯的好友倫納德．斯威特後來寫道：

「五千人從座位上一躍而起，其中有不少是婦女，發狂的吼聲一如全城晚禱巨鐘發出的震耳轟鳴。即便上千汽笛鳴放，數百銅鑼齊響，大概也會被這種震耳欲聾的聲浪所淹沒。」

當天的《芝加哥論壇報》上也宣稱：

「自從耶利哥城牆倒塌以來，這個世界上還不曾聽到過這樣的喧囂。」

而在林肯的律師事務所中，歡呼聲也幾乎讓狹窄的事務所爆炸開來。林肯終於成為共和黨的總統候選人了！

在一陣興奮的歡呼後，林肯拿起帽子，說了一聲：「我要去告訴瑪麗。」然後便急匆匆地離開了事務所，奔向家中。

此刻在家裡，瑪麗也在焦急地等待著結果。只見林肯像往常一樣走進屋子。

「怎麼樣？」瑪麗衝上去就問林肯。

「我被提名了。」林肯微笑著，輕描淡寫地回答道。

瑪麗先是楞了一下，當她看到林肯的微笑，這才相信這個消息是真的，她幾乎快樂得哭起來！

3

三天後，共和黨的代表來到林肯家中，正式通知林肯為下一屆的總統候選人。

這時候，林肯家的門前已經是人山人海，歡聲雷動。

「萬歲！萬歲！」

林肯將共和黨的代表迎進屋裡，說：

「我很珍惜這項重要的使命，我以我的良心起誓，將盡力完成這項使命。」

儘管林肯的口氣很平靜，然而他很清楚，落在自己雙肩上的，將會是沉甸甸的重任！

第十二章　宣誓就職

黃金誠然是寶貴的，但是生氣勃勃、勇敢的愛國者卻比黃金更為寶貴。

——林肯

1

總統的選舉是在一八六〇年的十一月舉行。而事實上，選舉戰在初夏時分就已經展開了。民主黨共提出了三位候選人，林肯的政敵道格拉斯也在其中。而共和黨提名的只有林肯一個人。

這一年的總統競選，可以算得上是美國獨立以來競爭最為激烈的一次，主張廢止奴隸制度的共和黨與持反對意見的民主黨，都會努力地為自己的候選人加油。

在這盡顯英雄本色的時候，道格拉斯盡力向人們展示自己的過人精力與才華，不知疲倦地到全國各地旅行演講。他用一種非常莊重的口氣告誡國人：如果林肯當選總統，國家就可能陷入失敗的深淵，而他當選總統則可以維護聯邦的團結。

道格拉斯的講話博得了一陣又一陣的喝采，然而無論是南方還是北方，越來越多的人已經不再相信這個「小巨人」了。

共和黨則在競選前專門為林肯的總統競選活動成立了一個青年組織「闊邊呢帽俱樂部」，成員們經常高舉著火炬在大街上遊行。他們身穿制服，頭戴闊邊呢帽，顯示出了蓬勃的朝氣和嚴明的紀律。

原先黨內的競選對手西華德也到北部各州進行遊說，動員廣大選民投林肯一票。當

他途經春田市時，林肯還專程到車站向他表示感謝和親切的敬意。

同時，共和黨在助選團還向全國人民分發林肯的傳記，詳細地敘述了林肯從小的貧困生活，後來又當過船夫、店員、牧場的長工以及律師等，引發很多人的注目。

「原來他跟我們都一樣。」就連南方開墾區的農民，對林肯的身世和經歷都備感親切。

在兩黨都在為自己的候選人加油助長聲勢時，只有林肯依然保持著緘默。他只寫了幾封信，與到他家走訪的人士一一握手。八月八日，有五萬人分乘著各種交通工具來到春田市，要求林肯向他們發表演說。

剛剛被提名為共和黨總統候選人的林肯除了向人們表示親切的致意外，還表示：

「即使我化為灰燼，也要為黨的事業進行搏鬥。」

他最後還補上一句：

「請原諒我不再多說了！」

整個一八六〇年的夏天，林肯親眼目睹了年輕強大的共和黨如旭日東升，蒸蒸日上，同時還看到了全國幾百位競選演說家、幾百家報紙都對他推崇備至，稱他為「老亞伯」、「誠實的亞伯」、「劈柵欄木條的候選人」、「邊疆林區人」、「人民的公僕」，以及「足智多謀、能言善辯的當代偉人」，等等。

當然，也有一些報紙大唱反調，批評林肯是個鄉下人，沒讀過書，沒受過教育，是一個「三流的鄉村律師」；說他「連語法都一竅不通」，喜歡講「粗話」；……這樣的人，怎麼能夠擔任國家的元首呢？

貶褒充斥，愛恨分明，這也讓林肯更加意識到了自己未來道路的艱辛。

1

十一月六日，終於到了正式投票選舉的日子。這天一早，林肯就到鎮上的電報局去等待各地傳來的消息，鎮上的人們也都群集在電報局外。

投票在各個州中同時進行著，因為全國有三十個州，要知道投票的結果，就必須要等待相當久的時間。南方的各州自然不會投林肯的票，但對奴隸制問題保持中立的州，林肯的得票卻相當高。

下午一點鐘，投票結果終於揭曉！一位信使揮舞著手中的電報，向林肯宣告了共和黨奪得紐約州選票的大喜訊。至此，林肯才卸下了心頭的千斤重擔，輕鬆地噓了一口長氣——當選已成定局了。

林肯心情愉悅地徒步回家，對興高采烈的妻子說：

「瑪麗，我們當選了。」

而此刻，大街上的歡叫聲已經震天響了，州議會的大樓周圍圍滿了載歌載舞的人們。大家都盡情地歡呼著，嗓子都喊啞了！

結果終於公布出來了，林肯以一百八十五萬五千四百五十二張票名列第一，道格拉斯以一百三十七萬六千九百五七張得票名列第二。在十七個自由州裡，林肯獲得了多數的選票。但在南部的十個州中，他沒有獲得一張選票。最終，林肯這位只當過一次國會議員的鄉下律師，終於以最高得票數當選為美國第十六任總統。可以說，林肯當選為總統也是美國開國以來最帶有地方色彩的一次。

這天晚上，已經是半夜了，鎮上還沒有一個人願意回去睡覺。大家都聚集在慶功酒會的會場，不斷地歡呼著，興奮不已。而林肯本人，對當選總統這件事卻並沒有特別的感覺。

事實上，這樣一位在貧困的鄉村長大的人最終能夠當選國家總統，簡直就是件值得大書特書的事，但林肯只想到自己在這個時刻當選為總統，肩膀上的責任有多麼重大！因為每個投他的選票的人都會想：「林肯一定可以解決紛爭已久的奴隸問題。」那麼從此以後，他真的是任重道遠了。

2

在林肯當選後不久，南方就開始發生騷動。先是南卡羅萊納州宣布脫離美國獨立，接著是喬治亞州、阿拉巴馬州、密西西比州、路易斯安納州、佛羅里達州和德克薩斯州等六個州同時宣布要與南卡羅萊納州共同組成南方聯邦，而且馬上招募義勇兵，購買武器，準備戰鬥。

不久後，南方的許多聯邦政府機構，如海關、郵局等，都一一被南方政府接管了。戰爭的情勢似乎一觸即發。

當時的情況是：十一月選舉產生總統，第二年三月才就任，中間有四個月的空檔期。

南方各州正是趁著這個機會騷亂，林肯當然知道這些情況，所以十分頭痛。在成功的背後，這個總統的寶座坐起來並不輕鬆。從沒有得到南方一張選票的事實上，林肯已經看出那些人充滿了敵意，對他的衝突情緒也是極其強烈。

可以說，林肯的當選已經成為各方政治勢力重新排列組合的導火線。離就職典禮還有幾週時，林肯就收到了許多恐嚇信，要他小心去華盛頓就職之前被暗殺。他們還把他說成是給國家帶來災難的猩猩、猿猴、小丑、魔鬼、怪胎、白癡，祈求上帝鞭打他、炙燒他、絞死他、折磨他，有的乾脆就在他的肖像前畫上絞刑架和匕首。

同時，瑪麗・陶德也收到了一幅油畫，畫面上她丈夫的脖子上套著絞索，腳上鎖著鐵鐐，身上塗著柏油，還黏著羽毛。

隨後，林肯派伊利諾州副官處處長湯瑪斯・馬瑟前往華盛頓，以試探當時統帥美軍的軍事首腦溫菲爾德・史考特（Winfield Scott）將軍是否忠誠。史考特當即表態：

「請轉告林肯，只要他一到這裡，我就對他的安全負全責。必要時，我會在賓夕法尼亞大道兩頭架起大炮。誰膽敢把手伸出，哪怕只是豎起一個手指頭來，我就會將他轟到地獄裡去！」

當時其他地方也是流言四起，稱南方軍隊即將奪取華盛頓，這樣林肯就不得不去其他地方就職了。但是，賓夕法尼亞的共和黨領導人之一西蒙・卡麥隆（Simon Cameron）卻一語驚人。他斬釘截鐵地說：

「只要林肯還活著，他就一定要在國會大廈的臺階上宣誓就職。」

對於這一切，林肯是感到既疲憊又惆悵，雖然他並沒有被嚴峻的形勢所嚇倒，但也不知道自己即將面臨的到底是什麼。這時林肯想到，自己一旦宣誓就職，就會國務纏身，比以前更加忙碌，因此他很想花幾天時間回家鄉看望一下繼母和其他鄉親們。

2

繼母的親生兒子在一八五四年就去世了，現在她跟女兒一起住。林肯十分尊敬他的繼母，繼母也很疼愛林肯。在鄉下，林肯與繼母共享了一天的天倫之樂，並抽空去了一趟父親的墳地，在父親的墳前立了一塊墓碑。

第二天凌晨，林肯便準備啟程回去了。繼母不顧自己年事已高，硬是冒著凜冽的寒風趕到火車站去送別林肯。她抱著林肯，哭成了淚人，嗚咽著說：

「亞伯拉罕，我在想，我們今天一別，恐怕我再也見不到你了！」

林肯聽了，也流淚了，但他馬上安慰繼母說：「媽媽！」

接著，他對繼母點點頭：「我會再回來看您的。」

說完，邁著沉重的腳步離開了……

一八六一年二月，林肯一家準備搬到華盛頓去了。六日晚，林肯夫婦在春田市的家中舉行了家庭告別晚會，邀請親朋好友、左鄰右舍以及本州的政要名流，大家相聚一堂，依依惜別。

二月十一日這一天，天氣陰冷，還下起了細雨。林肯一行十五人於早上八點離開了春田市，在大西鐵路車站啟程。一千多位故交好友和鄰居親戚前來送別，大家的臉上都掛著莊嚴肅穆的神情，陰沉憂鬱的心緒溢於言表。

在從車站前往專車的一段路上，大家很主動地為林肯讓出一條通道。林肯在離別鄉親父老時，本來是不打算講話的，但當他踏上專車的臺階，轉身環顧周圍的人群時，心中不由一沉，隨後取下帽子，在細雨中向大家作了臨別講演。他說：

> 朋友們，鄉親們！如果你們不是處於我的境地，是無論如何也體驗不到我此時此刻的傷感之情的。我的所有一切，都要歸功於故里和父老兄弟的關懷。
>
> 我在這裡生活了四分之一個世紀，由一個青年變成一位老者。我的孩子們都生在這裡，長在這裡，有一個還埋葬在這裡。我現在就要啟程了，面臨的使命比當年落在華盛頓肩頭的還要沉重。我不知道什麼時候才能回來，也不知道還能不能回來……在這裡，我向各位親切告別。

發車的鈴聲響了，火車徐徐啟動，載著林肯與千萬鄉親摯友的祝福，駛向變幻莫測的遠方。不少人的臉上還掛滿淚花，心中的滋味都像打翻了的五味瓶。

當列車行駛到伊利諾州最後一個停靠站——托洛諾車站時，林肯又向群集在月臺的另一批群眾話別：

「我離開各位是去擔當國家的重任。正如大家所知道的，那是一項非常艱巨的工作。但我們確信，一如某位詩人所說的那樣，『漫天烏雲遮不住，陽光依舊透煌輝。』

2

我謹向諸位親切告別。」

林肯在從春田市到華盛頓的一路上，一共會晤了五個州的州長和一些州議員，接見了政治、金融等行業的領袖，向千百萬群眾發表了二十幾篇的演說，與成千上萬的人們握過手。這也讓林肯聽取了更多人的意見。他誠懇和毫不矯情的個性，也給群眾留下了深刻的印象。

二月十四日，林肯的專車抵達匹茲堡市。林肯對市長喬治．威爾遜和群眾們的盛情接待表示感謝。

在自由城鎮，人群中有一位挑煤的工人大聲喊道：

「亞伯！大家都說你是美國最高的人，但我相信你不會比我高。」

林肯隨即笑著答道：

「來吧，我們比比看。」

隨即，這個身著邋遢勞動服的挑煤工人穿過人群，走到林肯身邊，與林肯背靠背地站著，正好一般高。群眾頓時歡呼起來。兩個高個子都咧開嘴笑著，相互握手。

二月十八日，林肯的專車行抵紐約州。在州議會大廳裡，林肯謙恭地表示：

「並非我故作謙虛，而是因為在所有被推舉到總統職位的人當中，我確實是出身最

貧賤的一個。可是我所要完成的任務，卻比他們中的任何一位都要艱巨得多。」

隨後，林肯在沿途一路受到歡迎的情況下，到達了「美國的前門」紐約。在這裡，林肯受到了紐約市市長弗南多·伍德的非同一般的接待，有人將其形容為「最細緻周到、最矯揉造作、最煩瑣奢華，但又是最冷淡無情的接待」。

伍德與林肯是水火不容的，因為他是民主黨魁又兼任市長，曾公開宣稱要將紐約建成一個獨立於聯邦的自由城市，使它擁有像南方各脫離州那樣的自主權。當然，林肯對伍德的接待表面上也並不介意。

林肯在離開紐約市時，一個暗殺陰謀也正在積極醞釀之中。這次陰謀的首領，是一個名叫費爾南迪納的理髮師。這一絕密的情報是林肯到達費城後才獲悉的，經驗豐富的偵探艾倫·平克頓（Allan Pinkerton）當即表示要將林肯連夜送往華盛頓，但林肯在考慮良久後拒絕了。他說：

「先生們，我對這一建議深表感激。但我認為我不能在今晚就去華盛頓。我已經允諾明早在費城的獨立廳升旗，然後再去哈里斯堡州議會進行訪問。我必須履行這兩項承諾，不論任何代價。只有在這以後，我才能考慮你們可能採取的任何行動計畫。」

二月二十二日這天是華盛頓總統的華誕，早晨六時，林肯在一片禮炮聲和群眾的鼓掌聲中，將一面美國國旗徐徐升上獨立廳的上空，隨後又面向獨立廳擁擠的人群發表了講話。

接著，林肯又前往哈里斯堡州進行了訪問。傍晚六時許，林肯離開了宴會廳，坐車直朝車站駛去。隨後，林肯改乘專車祕密離開了哈里斯堡，從而避免了一次暗殺陰謀的發生。

第二天早上六時，這位新當選的總統終於安全地抵達了華盛頓。到達華盛頓後，林肯暫時下榻在威拉德旅館的一個套房。

3

一八六一年三月四日是一個特別的日子。這一天，美國第十六任總統亞伯拉罕・林肯即將宣誓就職。

這天早上，天氣本來清新爽朗，可不久就變得陰冷起來。就像當時的美國形勢一樣，忽明忽暗。但是，寒冷的天氣也沒有阻止成千上萬的外地人紛紛趕來參加新總統的就職典禮。大街上人山人海，人們都在期待、談論著這位新任的美國總統。

典禮開始後，林肯緩步走向露天講臺，慢慢地戴上眼鏡，摘下帽子。但一看，帽子

沒地方可放。就在他不知如何是好的時候，坐在國會議員席上的一個人伸了一隻手過來，接下了林肯的帽子。這個人，就是林肯一直以來的政敵道格拉斯。

隨後，林肯從容不迫地從口袋裡取出了講稿，開始了他就職以來的第一次演說。

「我現在並無意於干涉承認奴隸制度的州。」林肯一開始就這樣表達了自己企圖以溫和手段來解決奴隸問題的觀點。

接下來，林肯又堅定了自己的立場：

「合眾國只能有一個，每個州都不能按照自己的意願脫離合眾國。」

同時，林肯還向南方各州發出了呼籲：

「會不會發生內戰，完全取決於你們的一念之間。政府絕對無意攻擊你們，除非你們先發動攻擊，否則不會有任何戰爭發生。無論如何，我都要保護政府的完整，我們不是敵人。」

就職演說本身作為新政黨首屆政府的一個正式文件，作為對政策和觀點的闡述，以及林肯在一段時期沉默後的第一次發言，自然也會成為當時舉國矚目的中心。所以這篇文稿在典禮之後便迅速傳遍全國，乃至更遠的地方。

演說結束後，老態龍鍾的首席法官坦尼走上前來，為經他一手主持宣誓的第九位總

3

統舉行正式宣誓儀式。他顫巍巍地舉起一本翻開的聖經，林肯將左手按在聖經上，舉起右手，然後跟隨這位首席法官複誦著憲法所規定的誓詞：

「我莊嚴宣誓，我將忠實地履行合眾國總統的職責，我將竭盡全力去保持、維護和捍衛合眾國憲法。」

這時，國會山上禮炮齊鳴，向這位美國歷史上的第十六任總統致敬。

這也是最為莊嚴的一刻，林肯宣誓就職的隆重儀式至此也落下了帷幕。

禮畢，這位新任總統上了車，經由賓夕法尼亞大道回去時，沿街的房屋都有綠衣的槍手暗中保護，而且一路還有步兵成列相隨。

因此，當林肯到達白宮而未受到任何傷害時，許多人都為之驚訝。當然，也有一些人感到失望。

此時，瑪麗真是高興極了，多年來的夢想，今天終於成為了事實。然而此時的林肯卻是心事重重，國家此時危機四伏，隨時都有爆發內戰的可能。拋開個人的安危不說，如果真的打仗了，聯邦政府將以何種方式對抗裝備精良、人多勢眾的南方軍隊？

更關鍵的是，美國現在實際上已經陷入四分五裂之中，南方的六個州已經脫離了聯邦，組成了南方同盟政府，另外還有四個蓄奴州也正在準備這麼做。

除了這些外患，還有內憂，那就是各個內閣成員也都持有不同的政治觀點：

財政部長在許多問題上與林肯有分歧。

內政部長缺乏林肯的那種對國家民族的責任感和熱情。

陸軍部長擁有銅鐵和鐵路的控制權，而且是工商界和政界的主要連絡人。

郵電部長反對奴隸制，曾為逃奴做過辯護律師。

……

可以看出，林肯以後的白宮生涯並不輕鬆，需要面對來自各方面的壓力。當然，他也充分考慮到了這一點。林肯決定，將以自己全部的熱情和努力去維護美國的統一。

3

第十三章　南北戰爭爆發

卓越的天才不屑走一條人家走過的路，他尋找迄今沒有開拓過的地區。

——林肯

1

進入白宮之後的林肯，不僅經常為戰事擔憂，還要經常回應政敵的攻擊，因此經常感到痛苦和不快。在這樣的環境下，林肯的幽默本領開始顯得更加可貴。而且，他還時常用講故事的方式巧妙地回擊自己的政敵。

有一次，林肯就用一個小故事回擊了道格拉斯對他的攻擊。他說，以前他在內河當船員的時候，看到一艘容量很小的汽船。這艘小汽船經常冒著煙在運河上來回航行。它有一個一點五公尺高的鍋爐和一個二點一公尺高的汽笛，每當汽笛一響，小船就只能停下來。林肯在講故事時，滔滔不絕，其實是將道格拉斯比喻成為這艘小汽船，暗示道格拉斯肚量狹小，說話時就無法思考，思考時就沒辦法說話，所以說出來的話都是欠考慮的。

當選總統後，林肯還要面臨著四面八方湧來的大批求職者，這些求職者幾乎踏破了白宮的門檻，讓本來就十分繁忙的林肯總統更加焦頭爛額。

每天來找林肯謀求官職的人群就像潮水一般，從整個北部地方，「得勝的共和黨人像老鷹撲食般的飛來了」。有的人竟然半邊臉塗著肥皂，脖子上還圍著毛巾，就從旅館的理髮室衝上來追上一位參議員，問他答應過的官職有沒有下落。

有一次，林肯在乘坐一輛馬車經過街上時，居然有人在街口攔截住馬車，硬是要將一份推薦書塞給林肯。林肯皺著眉頭，大聲喊道：

「不行！不行！我不能到大街上來開店鋪！」

一個林肯的兒時夥伴也來找林肯求職。這個人沒什麼本事，卻希望能在政府中謀求高職，最低也要是國家造幣廠的廠長。

林肯好不容易才將這個自認為是的朋友打發走，他無奈地對祕書說：

「這個人乾脆直接說要當財政部長好了！」

並幽默地補充道：

「也許，他認為劈柴的林肯能當總統，他也應該水漲船高，起碼從一開始就能謀得一個高位呢。」

有一天，一位求職者又找到林肯，說他曾經為林肯的競選做了巨大貢獻，林肯之所以能當上總統與他的努力是分不開的，所以要求林肯給他安排一個職位。

林肯對這位大言不慚的求職者說：

「當上總統以後，每天都有那麼多的麻煩。是你讓我當上了總統，那也就是你給我找了很多麻煩，這還有什麼可感謝的呢？」

一位來自費城的求職者三番五次來找林肯，占用了林肯大量的工作時間，林肯在無奈中想出了一個擺脫此人的辦法。當這個人又一次找到林肯時，林肯直接到屋角的一個架子上拿出一個瓶子，對那個頭頂光禿禿的來訪者說：

「您試過這種生髮的東西嗎？」

那人說從來沒試過。林肯就把手中的瓶子遞給他，建議他回家試一試，即使沒什麼效果也要繼續使用，直到十個月後再來，到時跟我說說療效怎樣。那人只好狼狽地走了。

對於這些每天找他謀求職位的人，林肯曾無限感慨地說：

「如果我們的美國社會和聯邦政府有一天完全腐敗並徹底垮臺，主要應歸咎於這種貪得無厭的官欲，這種四處鑽營以求過好逸惡勞寄生生活的欲望。而這些欲望使我也沾染上一些。」

2

就在林肯宣誓就職的第二天早晨，壞消息就傳來了。

這天早晨，林肯剛剛上班，一份由駐防在薩姆特要塞（Fort Sumter）的司令羅伯特・安德森（Robert Anderson）少校送來的緊急報告便送到了他的辦公桌上。

薩姆特要塞位於南卡羅萊納州恰斯敦港的入口，扼守著港口。自從聯邦政府設立在南方各州的機構陸續被南方軍占領後，現在已經逼近到這個要塞了。

安德森少校率領手下堅定防守，但現在他們的食物儲備僅夠維持四週，再節省也只能維持四十天。而南部的同盟分子已經準備就緒，只等他們設在蒙哥馬利的政府一聲令下，就要炮轟薩姆特堡。因此，安德森少校請求政府派軍支援。

可讓林肯煩惱的是，如果政府派軍隊前去支援，就一定會與南方的軍隊發生正式衝突。這樣一來，內戰就無法避免了！

出任林肯內閣的共和黨元老西華德認為，政府目前還未做好戰爭準備，因此只能放棄這個要塞。

但林肯認為，如果退出這個要塞，南方就會更加輕視政府，所以林肯認為應該運些糧食支援薩姆特要塞。

就在林肯政府商討如何應對薩姆特要塞問題時，一八六一年四月一日凌晨，南方軍向薩姆特要塞下了最後通牒，限令北軍馬上無條件從該要塞撤出。安德森做出答覆，答應於十五日正午撤離。

2

然而剛過不久，包圍薩姆特要塞的南方軍便向其發動猛烈進攻，大炮也向薩姆特要塞一齊開火。南北戰爭正式爆發。令人意想不到的是，由此開始的戰爭竟然持續了四年之久，並且奪去了六十二萬條寶貴的生命。

四月十二日至十三日兩天，就在政府的運糧船即將抵達薩姆特要塞之時，南方的同盟軍對薩姆特已經接連不斷地打了三千多發炮彈。守軍在苦苦支持了兩個晝夜後，終於因為彈盡糧絕而投降。

占領了薩姆特要塞後，南方軍立刻燒毀了合眾國的國旗。

薩姆特要塞的炮聲也讓北方人從幻夢中突然驚醒了。一場本來看似離他們很遙遠的戰爭，瞬間就變成了現實。現在，北方不得不站起來應付了。同一個國家的「兄弟」之間居然兵戎相見，這讓一直期望和平的林肯十分難過。但是，他還是忍住眼淚，下定決心應對南方軍的背叛。

四月十五日，此後多年被稱為「林肯首次招募軍隊日」到來了。這一天所發生的事情，也被視為「人民起義」。人們紛紛湧向街頭，湧向公共廣場，湧進會議廳和教堂。薩姆特要塞的星條旗被擊落，加上林肯的宣言，成為吸引全國民眾的一塊巨大磁石。數以千計的城鎮和村莊中，人們都怒火中燒，鬥志昂揚，各界為招募和裝備軍隊也在紛紛舉行募捐，通過決議，並指定專門委員去籌集資金，照顧軍屬，教育或懲戒那些不愛國的人。在大城市內，外國移民也組成了相應的部隊，就等著聯邦政府和總統的一聲召喚了。

與此同時，南方軍也在加緊進行各項準備。本來一直持觀望態度的維吉尼亞州，也終於決定退出聯邦，加入到南方軍的陣線聯盟。南方聯邦的首府，設在了維吉尼亞州的里奇蒙(Richmond)。

維吉尼亞州的這一決定，也令一個猶豫不決的人最終打定主意回到維吉尼亞。這個人就是羅伯特·愛德華·李(Robert Edward Lee)。他的父親曾在獨立戰爭期間功勳卓著，深得華盛頓的欣賞；而他本人也是公認的軍事天才，而且為人嚴謹正派，曾宣誓會效忠美國。他與林肯一樣，也十分痛恨奴隸制，並希望能夠廢除它。而且，他也熱愛聯邦，憎恨分裂，不相信南方聯盟會獲勝。

但是，當維吉尼亞宣布脫離聯邦後，他只能拒絕出任聯邦軍隊指揮。他說：

「我不能率領一支敵對的軍隊與我的家人、朋友作戰。所以，除了保衛我的家鄉佛維吉尼亞外，我不想再拔出我的劍了。」

李將軍的這一決定，幾乎也把南北戰爭延長了兩三年。

在這種危急的情況下，林肯該找誰來統領他的軍隊呢？

3

維吉尼亞州與華盛頓市只隔著一條波多馬克河。如今，美國就以該河為界，分為南北兩派。

炮聲不斷從波多馬克河的對面傳來，華盛頓的市民十分擔心，不知道哪天炮彈就會飛過來。華盛頓市通往北部各州的鐵路與電線也都遭到了一定的破壞，這讓市民們更加惶惶不安。

現在，林肯每天忙得簡直連睡覺、休息的時間都沒有。他當總統不過才一個多月的時間，消瘦的臉上皺紋就又加深了不少。

不幸的是，在這種內憂外患的情況下，林肯的三兒子威廉因患病而死。前一天晚上，威廉還好好的，第二天突然就發高燒，不久便停止了呼吸。

林肯接到噩耗後，馬上趕回家中，抱著威廉的屍體失聲痛哭。

如果不是發生了戰爭，一向疼愛孩子們的林肯很可能在幾個月內都會鬱鬱不樂。而現在，國家處於危難時期，林肯根本沒有時間終日為失去兒子而悲傷，他很快就將精力投入到國事當中。

這一年的七月，林肯政府終於派出了由麥克道爾（Irvin McDowell）率領的三萬

大軍，浩浩蕩蕩地開往維吉尼亞州，去攻打那裡的南方聯盟軍。當時，在美國的將領當中，還沒有一個人曾經率領過那麼大批的兵馬。

當時，南方軍就在距離華盛頓不遠的布魯蘭地區。北軍雖然來勢洶洶，可惜沒有受到過什麼訓練，行動散漫，結果兩軍剛交戰一天，北軍就傷亡慘重。

布魯蘭戰役的失敗，令共和黨內的一些人開始批評林肯政府的作風。身為內閣成員之一的共和黨元老、財政部長契斯，一向與林肯意見相左，現在就更加不服從林肯的指揮了。

在這種形勢下，北方軍又怎麼能戰勝團結一致的南方軍呢？林肯為此更加痛苦。

北方軍在戰役中傳來失敗消息的當晚，林肯一夜未睡。天亮後，他傾聽著新聞記者和頭戴絲質帽的市民們不斷地講述著他們所目睹的混亂情形。

但是，失敗和打擊對林肯來說已不是什麼新經歷了。雖然這次戰役失敗了，但他仍然堅信自己的主張必然能夠獲得最後的勝利，他的自信心也並未動搖。

於是，林肯特地去看望了那些失敗而歸的士兵，與他們握手，再三地說：

「上帝祝福你，上帝祝福你。」

他鼓勵他們，並坐下來與他們一起吃豆子，重新振作起士兵們那種消沉的情緒，還與他們談論著光明的未來。

同時，失敗也讓林肯明白，這將是一場長期的戰爭。所以，他請求國會為應對戰爭而徵召四十萬人。但國會只替他招募到十萬人，並表示另有五十萬人要服役三年。

可這次又有誰能夠統領這些士兵呢？林肯已經決定換掉麥克道爾，但卻沒有一個類似於李將軍那樣勇敢智慧的將領為林肯所用。

4

在戰爭剛爆發後不久，有一位名叫麥克列蘭的年輕將軍，帶著二十萬尊大炮和一部活動印刷機衝入維吉尼亞，攻擊了一些南方聯軍。事後，麥克列蘭用他的活動印刷機發布了幾十次喜劇化而誇張的捷報，將他勝利的消息告知全國。

由於戰事剛剛開始，人們都滿懷恐慌地盼望著能有一位英雄出現。而麥克列蘭的自我吹噓，令很多人都認為這就是他們所盼望的英雄將領。於是，在布魯蘭戰役失敗後，林肯便將麥克列蘭請到華盛頓，任命他為波多馬克軍區的司令。

麥克列蘭畢業於西點軍校，喜歡騎馬。每次他的部下看到他騎馬過來時，都要高聲喝采。而麥克列蘭便會坐在馬上得意洋洋地模仿拿破崙揮手的樣子，因此也贏得了「年輕的拿破崙」的美稱。他的確也有點拿破崙的才幹，一上任就開始重新組織和訓練軍

隊，將那些不知紀律為何物的士兵訓練成為一個個惟命是從的軍人。三個月後，這些經過訓練的士兵就已經達到了十七萬人之多。

由於戰事緊張，林肯一直催促麥克列蘭採取行動，對南方軍發動進攻。然而，麥克列蘭最大的缺點就是過於謹慎，他的能力、所受的訓練以及經驗等，都彌補不了這一缺點。除非他認為占盡了天時、地利、人和，否則就不願投入戰鬥。他在筆記中曾這樣寫道：

「一旦我覺得部隊訓練好了，兵強馬壯了，我就前進。」

還有「我確信明天」等，他總是希望「明天」。

儘管林肯一再催促，麥克列蘭還是找出各種理由來推脫。當被逼到不得不說明原因時，他就怒氣沖沖甚至不予理會。

很快一年就過去了，春季即將來臨，麥克列蘭還沒有行動的跡象，每天只是操練士兵和舉行閱兵，並說著各種大話。這令全國一片譁然，而林肯也因為任命的麥克列蘭遲遲不發動進攻的緣故，受到各方的批評和責難。

林肯實在忍無可忍，找到麥克列蘭，大聲叫道：「你的拖延要毀滅我們了！」並正式對麥克列蘭下達進攻命令。

4

事到如今，麥克列蘭不得不採取行動了，否則就要被解職了。於是，他連忙率領軍隊出發，準備去攻打維吉尼亞，並打算由乞沙比克（Chesapeake）和俄亥俄運河將船隻駛過來，以便在波多馬克河的兩端架橋。

然而就在最後時刻，這個計畫又泡湯了。因為船隻比運河的閘門還要寬六英寸，船隻根本無法通過。

當麥克列蘭將這個消息報告給林肯後，這位最有耐心、最能容忍的總統終於大發雷霆，用他以前在印第安納州鄉下的俚語質問道：「見鬼了！為何還沒有準備好？」

終於，在一八六二年五月，麥克列蘭在對他的士兵進行了一次重大的演說後，率領十二萬士兵出發了。

戰事已經進行了一年多，麥克列蘭曾經誇口要立即解決整個戰事，並讓士兵們早點回家去種田。說起來也很滑稽，林肯居然還相信了他的話，並發出電報給各州州長，表示不必徵募志願兵，而且還要關閉新兵招募處，並要將這些公共財產全部賣出。

但對於充滿智慧和謀略的李將軍來說，他很清楚自己要對付的不過是一個膽怯得從來不上戰場的無能將軍而已。

因此，李將軍就讓麥克列蘭費了三個月的工夫到達里奇蒙。當麥克列蘭率領士兵到達城外時，士兵們似乎能聽到教堂裡的鐘聲。這時，機智的李將軍連續發動了幾次猛烈的進攻，不但在七天內將麥克列蘭趕回軍艦上躲著不敢出來，還讓他損失了一萬五千名士兵。

如此，麥克列蘭吹噓的所謂「大事」，竟然成了極其淒慘的敗北。但是，麥克列蘭還在責備政府沒有派足夠的兵力給他，讓他失敗了，因此不斷要求增兵。

林肯對麥克列蘭的要求簡直忍無可忍，氣得說不出話來。在軍事行動上，林肯感嘆地說：

「一個指揮者的智慧是多麼重要呀！」

為此，他甚至多次跪下禱告，祈求上帝也賜給他一個羅伯特．李將軍。

在整個聯邦軍隊當中，到哪裡去尋找另一位羅伯特．李將軍呢？沒有人能給出答案。

4

第十四章　解放黑奴宣言

我們要想涵養公正的品德，就應養成一種「不苟」的優良習慣。

——林肯

1

戰事發生兩年以來，林肯一直想要找出一位全國所企望的軍事領袖。麥克列蘭失敗後，林肯又任命了另一個統帥，然後依然失敗。

在絕望之餘，林肯將軍權交給了一位名叫班塞特的將領。但是，班塞特知道自己並不是一個合格的將才，所以兩度推辭。最後當他被迫受命時，居然難過得哭了。

之後，班塞特統領軍隊，向李將軍的軍隊發起猛烈進攻。然而，這次進攻最終又以損失一萬三千名士兵的結果而宣告失敗。這次戰役後，很多軍官及士兵們都開始紛紛逃亡。

班塞特又被革職了，林肯又將軍隊交給了另一位與麥克列蘭一樣的吹牛者胡克爾。胡克爾帶著他所謂「全世界最精銳的部隊」再次向李將軍發起進攻。他的兵力是南方軍隊的兩倍多，但很快就被李將軍殲滅了他部隊中的一萬七千多名士兵。

這也是南北雙方開戰以來，北方軍隊輸得最為慘烈的一次。

一連串的失敗，讓林肯陷入一種無精打采的絕望之中。他幾乎不能處理公務，信件、電報都放在桌子上沒有翻閱。有時，他會坐在椅子上高聲地朗誦幾個小時，聽眾只有他的祕書或侍從武官。

早在布魯蘭戰役之後的一個月，有一天早晨，林肯看到報上有弗里蒙特向密蘇里州發出的布告：

「密蘇里州民眾，若有人幫助南方軍，將沒收其財產；若有人用奴隸，須將之解放。」

林肯在看到這個布告後很生氣，因為弗里蒙特是未經過總統許可就擅自發布命令。而且，這次戰事的起因是由於南方各州脫離合眾國，但弗里蒙特卻認為是為了解放黑奴而戰鬥。

而且，這個布告如果真的執行起來，那麼原來保持中立的一些奴隸州，就很可能會馬上加入南方聯邦。

為了這件事，林肯不得不將弗里蒙特免職。

一八六二年麥克列蘭辭職後，雖然又任命了幾個將領，但幾乎都是在打敗仗。每次都不算是什麼大戰役，可戰場上卻在不斷死人。同樣是美國人，如此互相殘殺讓林肯很痛苦。

事實上，除了戰場之外，還有很多讓林肯擔心的事。因為戰爭的關係，北方很多工廠都相繼倒閉了，與國外的貿易也在不斷減少。

南方的情況也差不多，但由於英國得不到足量的棉花，便希望戰爭快點結束，所以經常向南方供給武器和金錢。

戰爭繼續拖下去會是什麼樣的後果？林肯自己也不清楚。

在這不斷增加的憂慮之中，林肯的內心逐漸有了一些轉變，那就是弗里蒙特所發布的公告。其實北方很多人都贊成弗里蒙特的作法，大家都認為：我們是為了解放奴隸而與南方軍作戰的。而林肯原來的想法是：先謀求合眾國的統一，然後再解決奴隸問題。

可現在有了上述理由，林肯內心深處的思想逐漸被喚醒。

「即便是合眾國統一了，卻不能維護自由的精神，那又有何意義？為了所有人的自由，必須打仗。這不是兄弟鬧翻，而是為了全人類的自由而戰。」

戰爭在繼續進行著，而林肯內心的信念也逐漸明朗起來。處於困難之中的林肯，此時已經有了奮戰到底的決定。

2

在參加義勇軍的人中，有一位四十多歲，名叫尤利西斯・格蘭特（Ulysses S. Grant）的人，年輕時曾參加過墨西哥戰爭，表現十分勇敢傑出。

格蘭特的領導能力也逐漸在軍隊中顯露出來，不斷被上司嘉獎，最終格蘭特獲得了指揮大隊人馬的權利。格蘭特也沒有辜負眾人的期望，率領的軍隊不但紀律嚴明，而且連連告捷。

一八六二年春天，格蘭特率領的軍隊攻下了南方軍的好幾個要塞。這對一直處於戰敗狀態的北方軍來說，無疑是十分振奮人心的。於是，林肯擢升格蘭特為總司令。此後，格蘭特所率領的政府軍都獲得了較佳的戰果。

一八六二年夏，林肯在聽取完反奴隸制的牧師蒙邱爾·丹尼爾·康韋有關全國各地情況的彙報後，嚴肅地表示：「當解放奴隸制的時機到來時，我確信我一定會盡到我的職責，哪怕付出我的生命也在所不惜。」於是，林肯終於決定要發表解放宣言了。

但是，當時麥克列蘭等人所率領的軍隊正在慘遭敗北，內閣便認為總統應該等待有捷報傳來時再發表宣言。

於是，林肯便開始等待。

在這期間，南北戰爭仍在繼續，如果這場戰爭無法獲勝，解放奴隸的宣言也就毫無意義。因此，北方非打贏不可。

雖然北方已經重振了軍威，但戰爭的形勢卻不容樂觀。林肯為了鼓舞士氣，經常騎

2

馬親自到前線去巡視。年輕的士兵看到總統親臨，都很興奮。

漸漸地，格蘭特率領的軍隊開始節節取勝，並一直攻到比克堡。這個要塞面臨密西西比河，對南軍來說是一處重要的據點。如果攻下這個據點，對南方軍的影響極大。

正當格蘭特將軍率軍對比克堡展開攻擊時，南方的李將軍也率領軍隊直接攻向賓夕法尼亞州。這令華盛頓再次陷入危急狀態，格蘭特迅速派遣密德將軍率領八萬五千人前往華盛頓解圍。

此時，李將軍率領的南方軍已經達到了蓋茲堡，雙方在此相遇，展開了激烈的戰鬥。戰鬥一直進行到第三天傍晚，兩軍都已經疲憊不堪。無論是南軍還是北軍，此時都只剩下一半的人了。

李將軍決定放棄戰鬥，開始撤軍。而北方軍此時也已無力再戰，看到對方已經停火，一個個倒頭就睡在了戰場上。

第二天早晨睡醒後，才發現南軍已經全部撤退了。

蓋茲堡之戰，雙方的損失都十分慘重，從此南方軍元氣大傷。而此時，格蘭特將軍在比克堡又打了勝仗。

本來已經失望的北方人，這下子有了信心，認為這次戰爭北方是贏定了！

3

直到打了勝仗後，林肯才於九月中旬正式召集他的內閣，討論即將發表美國歷史上自從獨立宣言以來最為有名的一項文件。

不久後，林肯將他的宣言提交內閣。但由於未到一八六三年一月一日，宣言還不能生效。

《解放宣言》觸動了北美和南美，同時也觸動了歐洲。廣大群眾贊成北部、反對南部，都旗幟鮮明地支持林肯，統治階級想改變他們的觀點也不可能。但同時，狂怒的浪潮也正在席捲南部，政客、演說家和新聞報紙都大罵林肯破壞了戰爭文明，侵犯了私人財產，鼓動黑人燒殺姦淫。他們稱林肯是「懦夫」、「凶手」、「野獸」、「劊子手」，甚至乾脆稱他「魔鬼林肯」。

林肯在一年前就曾警告說，這場衝突有可能發展成為「無情的革命」，而目前擺在眼前的重大任務就是把這場征服敵人的戰爭打到底。

經過一系列的準備工作，十二月三十日，林肯將宣言抄本分發給每一個內閣成員，準備次年一月一日正式發表它。

次日上午十時，內閣召開會議。國務卿西華德和海軍部長威爾斯建議對宣言做一些小的修改；財政部長蔡斯則主張宣布所有各州的奴隸一律獲得自由，不該規定某些區可以例外。同時，蔡斯還帶了一份他本人草擬的宣言初稿，向林肯推薦應採用這樣的結尾：

「我真誠地相信這是一項正義的措施，它符合憲法的規定，是國家現狀所必需的恪守職責的措施。我祈求人類對其詳加審鑑，上帝為之賜福。」

林肯認為這段話很恰當，便決定採納。他只在其中刪掉了一個短語，加上「出於軍事上的需要」，然後便決定採取這一行動。

宣言規定以下地區將不宣布解放奴隸：田納西州、密蘇里州、肯塔基州、馬里蘭州四個未脫離聯邦的邊界蓄奴州；路易斯安那州的十三個郡級教區和維吉尼亞州諾福克周圍的一些郡。

內閣會議結束後，林肯又用了一整天的時間重新抄寫了宣言的全文，然後交由國務院正式抄寫文字。

在這之前，不少人都懷疑林肯總統是否會如期發表這個宣言，甚至有人認為總統會在一月一日這天撤銷而不會發表它。

一八六三年一月一日上午，林肯主持了元旦例行招待會，與政府和陸海軍中的高級官員以及各國外交使節團成員一一握手。

下午，西華德帶著林肯親自起草的《解放黑奴宣言》文本來到白宮。作為一份完整的文件，總統必須在上面簽字。當林肯將筆蘸滿墨水，正準備要簽字時，他遲疑了一下，然後轉向西華德說：

「如果蓄奴制不算是錯的，那就沒有什麼事可以算得上是錯的了，而我生來從未如此確信過我做的是對的。但從今天上午九點鐘開始，我就一直在接見客人，與他們握手，以至我的手臂麻木僵硬。這一次的簽字一定會經過仔細鑑定的，如果他們發覺我的手曾經發抖過，他們將會說：『他曾有一點懊悔呢。』」

於是，林肯在讓手臂休息一會兒後，沉著而堅定地簽上了「亞伯拉罕．林肯」的名字。隨後，西華德也簽了名，並蓋上章，文件隨即被存入國務院的檔案庫中。

作為一份質樸審慎的歷史性文件，《解放黑奴宣言》在發表後馬上就成為一個具有巨大轟動效應的新聞。在當天和那個月裡，宣言透過各種媒體和書信傳遍了全世界，成為億萬人的關注焦點。

然而林肯發現，人們並沒有透澈地領會《解放黑奴宣言》，因而對政府的不滿也增加了，一些祕密組織逐漸建立起來。甚至在軍隊中還發生了一次叛變，那些被徵召要挽救聯邦的士兵們發誓，他們絕不會挺身而起甚或死亡，以便讓那些黑奴們得到自由，又

3

使他們獲得社會上的平等地位。成千上萬的士兵因此而逃跑，徵兵的工作也不得不停頓下來，還有另外一些忠心耿耿支持政府的人也受到了恐嚇。

這一次，林肯所信賴的人民完全讓他失望了。在秋季的選舉中，人民就開始極力地反對他，甚至在他的故鄉伊利諾州也拋棄了共和黨。

就在選舉失敗之時，戰場上又傳來了北方軍失敗的消息，一萬三千名士兵在戰事中傷亡。

那簡直就是一次愚蠢至極的大屠殺！令整個國家為之愕然，人民陷入絕望之中，林肯也再次遭人責罵，甚至連共和黨的參議員也開始反對他。

這對林肯來說，又是一次極其難堪的打擊。林肯承認，那件事比起他從政生涯中的任何一次事件都要來得苦惱。

對於世人的不滿和不理解，林肯在給朋友的一封信中寫道：

有些人對我不滿。對於他們，我要說：你們渴望和平，又因得不到而指責我。到底怎樣才能求得和平呢？道路有三條：第一條路用武力鎮壓反叛。我現在正在嘗試這樣做，你們贊成嗎？如果贊成，那麼我們在這一點上就是一致的；如果不贊成，第二條路就是放棄聯邦。我反對這樣做，你們呢？如果你們贊成，就要說清楚；如果你們不贊成用武力，又不願聯邦解體，只有妥協。我不相信妥協，包括保存聯邦這樣的妥協能夠實現。我所知道的一切均使我有一種完全相反的想法。

你們不喜歡《解放宣言》，說它不合憲法，而我的看法卻不同。我認為，憲法賦予了總司令戰時的戰爭法則。至多也只能這樣說，如果可以這樣說的話，奴隸是財產，按照軍事法則，敵人和朋友的財產在必要時都可取而用之，難道對此還有任何疑問嗎？難道現在不是必要的時候嗎？取之即可有助於我們，或對敵人造成損害……

……截至《解放宣言》頒布，平叛戰爭已力行一年半的時間。其中過去的一百天時間，是在已通知宣言就要發出的情況下度過的……

林肯最後寫道：

和平，我希望它早日到來，並持續下去。我還希望未來的和平值得我們永遠保持下去。

許多人因為受到林肯的影響，後來逐漸改變了他們最初的觀點。

3

第十五章　蓋茲堡演說

不要沉淪，在任何環境中你都可以選擇奮起。

——林肯

1

隨著聯邦軍隊向南方的逐漸推進，密蘇里州、維吉尼亞州、田納西州和北卡羅萊納州等一些地區也相繼出現了聯邦的旗幟，並湧現出了一些新的統治人物。

在這其中，就有安德魯·詹森（Andrew Johnson）。他辭去了國會參議員和戰爭指導委員會委員的職務，被委任為田納西州的軍管州長，並打算招募一支黑人軍隊。

林肯對詹森的這一做法深表贊同，高興地對他說：

「只要密西西比河畔一出現五萬名武裝起來並經過訓練的黑人士兵，這場叛亂很快就會平息下去。」

安德魯·詹森也是為數不多的來自南方的聯邦主義者，對林肯政府十分忠誠。林肯也希望能在南方各州中找到百分之十的人宣誓效忠聯邦，以便為今後的重建工作打下基礎。於是，「林肯百分之十計畫」便由此響震全美國。

一八六三年初，約瑟夫·胡克（Joseph Hooker）被任命為聯邦軍隊統帥，去攻打南方軍。然而胡克像麥克列蘭一樣，是個畏縮不前的傢伙。首戰失敗後，胡克便轉而步入麥克列蘭的後塵，又被喬治·米德（George Gordon Meade）接替了指揮權。

老米德是一個不苟言笑，且易發脾氣的人，他對人極其嚴厲，但卻具有出色的帶兵

才能。六月二十八日，米德就職。

這時，有消息傳來說，李將軍準備揮師北上。林肯得知這個消息後，十分興奮。因為李將軍的先頭部隊雖然在馬里蘭，但後防卻在弗雷德里克斯，在這麼長的陣線上，某一部分就必然會被拉得很脆弱。

李將軍所率領的七千五百名士兵穿過馬里蘭進入賓夕法尼亞州後，絲毫不把北方軍放在眼中，一個個士氣高昂。此時的李將軍，正在為糧食、彈藥以及歐洲各國的承認等一連串的想法所鼓動，帶領軍隊直奔賓夕法尼亞州的首府哈里斯堡。

但是，這裡畢竟是北方軍的土地範圍，米德很快就在李將軍的身後出現了，並切斷了南軍的退路。

李將軍自然也知道交通線對一直深入的孤軍的重要性，雖然不情願，但也只好回過頭來。很快，兩軍就在一個名叫蓋茲堡的地方遇上了。

米德沒想到李將軍會回頭來打自己，因此一開始被南方軍打得暈頭轉向，先頭部隊也四處逃散。而李將軍似乎也沒想到會這麼快遇上敵軍，因摸不清敵軍情況，也只好下令停戰。

這是七月一日的傍晚。李將軍的停戰，讓米德有了反擊的機會。晚上，米德調集所有軍隊開赴前線，在每個險要的地方都安排了兵力。

七月二日下午，南北軍雙方的戰鬥又一次開始了，南軍的朗斯特里特（James Longstreet）率領士兵猛烈攻擊聯邦軍的左翼。戰鬥一直持續了兩個多小時，最終南方軍略占優勢。

七月三日，李將軍因為兩次小勝而開始瞧不起北軍，認為他們依然和以前一樣，不堪重擊，於是決定直接攻擊北軍中央。

然而，那裡是一塊開闊的地方，米德的炮火正對準那裡，還有步槍埋伏在周圍，隨時都在準備開火。但李將軍卻不為所動，認為以前北方軍隊中從來都沒有這樣有謀略的將領和勇敢的士兵，現在也一樣。

南方軍毫不猶豫地攻入了北軍的陣地，並手拿閃閃發光的戰刀，與北方軍展開了肉搏戰。可是，在這次戰鬥中，南方軍逐漸開始不敵北軍。北軍在自己的地盤上作戰，感到彷彿自己的手臂上懸掛著國家的命運一般，打得極其勇猛，結果南軍大敗而逃。

這一次李將軍犯下了一個不可挽回的錯誤。以血肉之軀去抵擋炮火，以步兵去對付炮兵，結果導致軍隊損失慘重，傷亡達三萬六千多人。北方軍雖然傷亡也比較慘重，達兩萬三千人，但相對來說比南軍要輕得多。

四日，李將軍帶領部隊退回到第一天開戰時的陣地據守，而米德也無意主動攻擊。

這天晚上下起了大雨，李將軍準備將部隊退回波多馬克河。然而這次李將軍的運氣十分不佳，河水暴漲，部隊根本無法渡河。這讓李將軍進退兩難，只有束手就擒的份了。

米德知道，這是個千載難逢的好機會，因而試圖向李將軍的部隊進攻。他將時間定在十三日。

2

與此同時，七月四日這天，傳來了格蘭特將軍打下維克斯堡的消息。這一堡壘對同盟一方非常重要，因為它控制著整個密西西比河以及其全部的航運。維克斯堡大捷後，密西西比河便暢通無阻了。林肯希望，米德將軍如果能徹底摧毀李將軍的部隊，那戰爭也就不用打了。

然而就在準備攻擊的前一天晚上，米德召開了一個作戰會議，結果只有兩位軍長同意這一作戰計畫，這次輪到米德進退兩難了。總統一再督促他進攻，他也想進攻，但現在這樣的結果讓他很為難。

林肯似乎預感到米德會召開作戰會議，因此讓總司令哈勒克電告米德：

「開作戰會議就打不成仗。」

2

果然，仗沒打起來。

就在米德還猶豫不決的時候，李將軍的部隊已經在忙著過河了。如果此時米德發起進攻，可以穩操勝券。但米德卻錯過了這個最佳的機會。

十四日中午，李將軍的軍隊全部安然退回。

林肯獲悉後，氣得幾乎暴跳如雷。他大聲喊道：

「天啊！這是什麼意思？敵人都已經為我所掌握，只要舉手之勞就能勝利了。可是不論我怎麼說怎麼做，就是不能推動那支軍隊。在那種情況下，差不多任何將軍都可以獲勝。即使是我，都能打敗他的！」

說到後來，林肯是太痛惜了。在痛惜之際，他不由自主地坐下來，提起筆給米德寫了一封信：

> 親愛的米德將軍，我認為你對李將軍的逃跑所造成的嚴重後果並未充分理解。他當時就在你的掌握之中，只要跟蹤合圍，再加上我們新獲得的其他勝利，戰爭就可以結束了。而現在，戰爭將繼續無限期地拖下去。要是你上週不能有把握地攻擊李將軍，現在你在波多馬克河之南，兵力只有原來的三分之二，又怎麼能向他進攻呢？

林肯越寫越感到惱火：

現在，要指望你有多大的成就是不可能的了，而我也不再指望了。你已經錯過了大好時機，這讓我感到無比煩惱！

寫到這裡，林肯停頓了一下，怒氣也漸漸消了，心裡好受了一些。他覺得自己的語氣有些過分嚴厲了，於是又補充了一段：

請不要認為我的這些話是要指控你，或是存心為難你。正因為你已經知道我對你的不滿，我才覺得最好還是誠懇地將不滿的原因跟你說清楚。

此時，林肯的怒氣已經全消了，他便將這份信擱起來，沒有發出。

這封信一直沒有發出，米德也未曾讀到它。直到林肯遇刺身亡後，人們才從他的文件中發現這封信。

事實上，米德將軍與其他人一樣抱著這樣一種觀點：北方不是要占領南方，而是要保衛自己。而林肯本來是希望米德能夠乘勝追擊，摧毀李將軍的部隊，而且盡可能在對方渡過波多馬克河之前這樣做。可米德卻始終按兵不動。林肯認為，米德等到作好大戰的準備時，已經沒有敵人可打了，結果不出所料，李將軍逃掉了。

「他們就在我手邊，只需舉手之勞便可抓住」，事實上卻給他白白地逃掉了。

3

蓋茲堡戰役結束後，沙場上留下了六千多名死者和兩萬七千多名傷者。因此，教堂、學校和倉庫都改為醫院，因傷病痛苦的呻吟聲到處可聞，每個小時中都會有幾十個人死去。在那酷熱的環境之下，屍體會很快腐化，埋葬工作必須趕緊進行，簡直連挖墳墓的時間都沒有。所以，好多屍體上面只是蓋了一些土罷了。經過一個禮拜的大雨後，這些屍體又半露出來，北軍的士兵只好將他們再收集起來，另外合葬在一起。

秋天很快就到了，公墓委員會決議要舉行獻地儀式，邀請全美最著名的演說家——愛德華．愛維萊特前來致辭。

正式邀約的請帖發給了總統、內閣閣員、米德將軍、國會兩院全體議員、民間著名人士以及外交使節團的人員等。在這些人當中，是極少數會答應參加的，很多人都表示不曾收到請帖。

委員會絲毫沒有料到總統會來，事實上，他們也沒有特別為林肯總統寫邀請函，林肯也只收到了一份印製的請帖。

因此，當林肯總統寫信說他要參加這個儀式時，大家都特別吃驚，同時也感到很尷尬。該怎麼辦呢？有些人猜測他可能太忙了，最終會根本無暇顧及，或者他根本也沒什麼時間準備的。甚至有人稱，就算總統有時間，他也未必真的有那種本事！

的確，林肯總統是曾在伊利諾州作過一次演說，但在公墓落成典禮上的致辭怎麼會與演說一樣呢？在這種場面上演說好像不太符合林肯總統的風格。

其實，這種儀式正是林肯總統所期望的最好機會，因為在這種場面上，他不但能夠制服他的敵人，還可以趁機對那些光榮的亡者表示敬意。

由於請帖發來的有點遲，林肯只好在極端忙碌的兩週內抽空準備了他的演說詞。他簡單地在一張淡藍色的紙上打了一份草稿，並將它塞在帽子中隨身攜帶。在致辭前的那個週日，他說：

「我起了兩三遍稿，但還沒完成，我還應該再修改一遍才可能滿意。」

在公墓落成典禮的前一天晚上，林肯總統抵達了蓋茲堡。小鎮上十分熱鬧，有大約十五萬人前來參加典禮。由於沒有足夠的住所，很多人只好在村莊裡來回散步，等待天明。

林肯花了一晚上的時間，又重新修改了他的演說詞。十一點時，他又到西華德部長的住處，向他高聲朗誦了一遍講詞，並請西華德給出批評。

第二天一早，林肯還在繼續推敲演說稿，直到有人敲門請他前往公墓。

3

愛德華．愛維萊特是當天特別被邀請來的演說家，他滔滔不絕地講了兩個多小時。接下來就輪到總統講話了。

在此之前，林肯還在一直在看他的演說詞，現在輪到自己上臺講話了。只見他站起身，手裡緊攥著那兩頁紙，開始以高亢的聲調發表演說，偶爾還會向稿子斜看一眼：

八十七年前，我們的先輩們在這個大陸上創立了一個新的國家，它孕育於自由之中，奉行人人生來平等的原則。

現在，我們正在從事一場偉大的內戰。這場戰爭是一次巨大的考驗，考驗我們這個國家，或任何一個孕育自由和奉行上述原則的國家能否長久地存在下去。

我們在這場戰爭中的一個偉大戰場上聚會。烈士們為使這個國家能夠生存下去獻出了自己的生命。我們在此集會，是為了能把這個戰場的一部分奉獻給他們作為最後的安息之所。我們這樣做是完全應該而且非常恰當的。

但是，從更廣泛的意義上來說，這塊土地我們不能夠奉獻，我們不能夠聖化它，也不能神化它。曾在這裡戰鬥過的勇士們，不管是活著的還是犧牲了的，已經把這塊土地神化了，因而遠不是我們微薄的力量所能增減的。

全世界將幾乎注意不到，也不會長久地記起我們今天在這裡所說的話，但世人永遠不會忘記勇士們在這裡所做過的事。

不如說，倒是我們這些活著的人，應該在這裡把自己奉獻於勇士們已經如此崇高地向前推進但尚未完成的事業。倒是我們應該在這裡把自己奉獻於仍然留在我們面前的偉大任務，以便使我們從這些光榮的死者身上汲取更多的獻身精神，來完成那種他們已經完全徹底為之獻身的事業；以便使我們在這裡下定最大的決心，不讓這些死者白白犧牲；以便使國家在上帝保佑下得到自由的新生，並且使這個民有、民治、民享的政府永世長存。

與愛德華的演說形成了一個鮮明的對比，林肯總統的演說總共還不到三分鐘，連站在他前面的攝影師都沒來得及拍照，演講似乎還沒開始就結束了。

當林肯的講說結束後，人們以為那不過是個序言。直到林肯坐回椅子之後，人們才明白，原來演說已經結束了，於是稀稀落落的掌聲才響起來。

林肯本人對自己的這次演說感覺十分糟糕，覺得沒有達到預期的效果，甚至很失敗。而事實上，如果拿那一次演說對當時來說，他的確是失敗了。他深深地感到，這個世界將不會重視也不會長久地紀念他在那裡所講的話，但卻永遠不會忘記那些犧牲的勇士們在那裡所做的事。如果今日林肯能夠再生，知道大多數人最紀念的演講詞恰恰就是他在蓋茲堡未獲得成功的那一篇，那麼林肯總統不知道會多麼驚喜呢！

3

從蓋茲堡返回途中，林肯便開始感覺身體有些不舒服。回到華盛頓後，林肯將所有的會見都擱置一邊，並將那些前來求職的要官全部拒之門外。在臥床休息期間，林肯又得到了一個消息：格蘭特將軍在喬治亞州大敗同盟軍。

第十六章　再度當選總統

如果你沒有選擇的話，那麼就勇敢地迎上去。

——林肯

1

在一八六四年快要到來的時候，林肯清醒地意識到了一件重要的事情正在展開。此時，財政部長蔡斯正在迫不及待地謀求競選總統。蔡斯不斷地宣稱，只有自己才是最恰當的總統候選人，也是最有資格當總統的人。

蔡斯的做法實在不算聰明，他過早地將自己置於與林肯對立的境地，在財政部安插親信，對親總統派進行排斥。

當時，林肯儘管因為發表《解放黑奴宣言》而受到形形色色的指責，但他同樣受到各個方面的歡迎和支持。在當時，蔡斯代表的是激進勢力。但是，即便是激進派的菲力浦斯都認為：

「一個有勇氣起草並發表《解放宣言》的總統，至少應該再執政六年。」

林肯幾乎毫不費力地就在北部至少十四個州的共和黨會議中通過決議，保證使自己再獲得總統提名。其中的俄亥俄州是蔡斯的故鄉，林肯卻輕而易舉地獲得了勝利。

對於蔡斯要獲得總統候選人提名，以及他為此所耍的各種把戲，甚至對林肯的中傷，林肯都「盡可能地一概閉起眼睛」。身為財政部長，蔡斯是稱職的。林肯也希望蔡斯能夠努力工作，以保障國家的財政收入，因為沒有錢是打不了仗的，經濟也是決定戰

爭勝負的重要因素。因此，對於蔡斯的所作所為，林肯決定暫時不予理會。

不過，蔡斯很快就為自己的欲望付出了代價，不得不提交辭呈。原因是在國會的一次發言中，有人指責財政部內充斥著腐敗現象和政治上的偏心眼，那些購買棉花的許可證都被出價最高的人買走，而這些人往往都是分離主義者。販賣許可證顯然已經是惡劣的犯罪行為了，但那些代理人卻仍然在財政部任職，有些人甚至還正忙著成立蔡斯俱樂部。

林肯很理智地處理蔡斯的辭呈，但他並沒有馬上答覆蔡斯，而是故意放了一週，然後才「抽出時間」來，「經過考慮」，回答蔡斯說：

「我發現現在確實沒什麼好說的了。」

蔡斯現在才體會到了林肯力量的強大，最好只好妥協。林肯也樂得順水推舟：

「就像你對我所保證的那樣，我也向你保證，我也絕不鼓勵和支持對你的任何攻擊。」

最終，對於蔡斯是否繼續擔任財政部長，林肯冷冷地回答說：

「沒有更改的必要。」

經過這一番風波，蔡斯競選總統的希望破滅了。

1

身為民主黨主戰派之一的尤利西斯．辛普森．格蘭特，自從一八六二年二月攻克唐納爾遜堡壘和一八六三年七月攻占維克斯堡之後，迅速聲名鵲起，甚至在一八六三年底至一八六四年初的整個冬季，都有人在不斷地為格蘭特競選總統而搖旗吶喊。具有重要影響力、長期充當一個龐雜利益集團喉舌的《紐約先驅報》也在大聲助威：「格蘭特，人民的候選人！」其他很多報紙也都跟著隨聲附和。

林肯與格蘭特將軍一直沒有見過面，只是根據在閱讀和談話中的一鱗半爪來了解這位優秀的將領。其實，格蘭特還是一位謙遜隨和的無敵統帥，他對自己被推舉為總統候選人的聲浪一時湧起絲毫不以為然。

一八六四年一月，格蘭特給了全國人民的第一條資訊為：

「我只渴望得到一個行政職務。待這場戰爭結束後，我打算競選加利納市市長。如果當選，我準備在我的住所到車站之間修築一條人行道。」

就民主黨人將提名格蘭特為總統候選人這件事，《萊斯利週刊》曾刊登了這樣一則新聞：

「沒有任何其他事情可以妨礙總統的再度當選，除非民主黨人提名格蘭特將軍為總統候選人，尤其是當他攻下里奇蒙之後。」

為此，不少朋友都為林肯感到憂慮，曾多次提醒林肯要提防這位堪與他匹敵的常勝將軍。

但林肯的私人祕書約翰・海伊（John Milton Hay）曾轉達了總統的答覆：

「如果格蘭特能夠攻下里奇蒙，那就讓他當總統好了。」

同時總統還表示：

「如果格蘭特將軍當選總統可以更有利於鎮壓叛亂，我贊成由他來當，他需要保證完全忠於我們解放黑奴和使用黑人士兵的政策。如果這項政策得到貫徹，誰當總統都一樣。」

格蘭特獲得這一消息後，深為林肯總統的豁達大度、不計較個人得失的高尚情操而感動，因此決定前往華盛頓一趟，一方面去接受最高軍銜，另一方面也可會晤一下久仰英名的林肯總統。

2

一八六四年三月初，格蘭特在參謀長約翰・羅林斯的陪同下前往華盛頓，沿途受到了無數群眾的熱烈歡迎。

2

幾天後，在參議員的陪同下，格蘭特進入白宮，向總統彙報軍情。

這天晚上恰好是總統舉行每週一次的例行招待會。寬敞的白宮東廳內人聲鼎沸，人們都在議論著格蘭特將軍即將到來的消息。這時，待格蘭特大步流星地步入大廳，人們頓時鴉雀無聲，隨後紛紛退向兩側，在中間讓出一條通道。

林肯總統聞訊後，馬上迎上前去，伸出一雙大手緊緊地握著格蘭特的手，誠懇地說：

「將軍，我見到你很高興。」

格蘭特將軍也立即彬彬有禮地向總統致謝。

隨後，林肯將格蘭特介紹給國務卿西華德。這時，人們漸漸都湧上來，將這個身材矮小、相貌普通的將軍團團圍住，向他盡情歡呼，爭著與他握手。這個在諸多戰役中都所向無敵的將軍，此刻竟然緊張得然汗流滿面，靦腆得像個少女。

格蘭特在接受勳章後，又在華盛頓待了四天，然後便稟告總統將去西線九天，再回到東線司令部直接指揮作戰。這次，格蘭特被正式任命為陸軍總司令。在就任新職的當晚，格蘭特便動身上前線去了。

然而這一年的六月三日，在科爾德港戰役中，由於錯失戰機，格蘭特所率領的部隊付出了慘重的代價。在格蘭特對南方軍發動的進攻剛剛開始一個小時，他手下的七千多名戰士就倒在了戰場上，而不少戰士是在戰鬥開始的前幾分鐘倒下的。這次戰役成為格蘭特將軍最為懊惱的經歷。

消息傳到華盛頓，巨大的傷亡令不久前對格蘭特的歡呼為咒罵所代替，他被罵為「屠夫」。這也給林肯帶來了巨大的麻煩，因為還有幾天就要召開巴爾的摩代表大會了，而格蘭特是林肯試用的「堵漏塞」。

儘管如此，林肯依然深得民心。而且，格蘭特的失利從另一方面來說對林肯的競選也是有利的，因為格蘭特倘若一路暢通地攻下里奇蒙，他就會必然成為民主黨推舉的總統競選人，並最終贏得選舉。

當然，林肯內心還是希望自己可以連任的，為此他也一直沒有放棄努力。

六月七日，全國聯邦黨在巴爾的摩舉行代表大會，會議選舉了總統候選人。當問到「對於亞伯拉罕．林肯將成為總統候選人，誰有疑問嗎？」時，話音未落，全場便爆發出了一陣暴風雨般的掌聲，震撼著整個會議大廳。

最終的投票結果顯示，林肯與安德魯．詹森的得票最高。詹森是一位來自田納西州的民主黨人，也是所有民主黨主戰派中最為能幹的人物。他曾為使田納西州能夠重新回

2

到聯邦懷抱而做了大量的工作，因此給人們留下了很深刻的印象。

第二天，林肯總統在回答通知他再次被提名的委員會時說：

「我既不掩飾我的滿心喜悅，也不抑制我的感激心情。」

然而在七月十八日，林肯發布了五十天內徵募五十萬志願兵的公布，令人們再次對他不滿起來。

這是據國會七月四日通過的徵兵法進行的。該法令授權總統可以隨時為軍事工作自行徵募任何數量的一至三年的志願兵。由於戰爭中士兵損失慘重，此刻正是格蘭特需要人的時候；但因軍隊無所建樹，此刻又是人們對軍隊最為不滿的時候。所以，林肯的徵兵令無疑引發了北部人民強烈的不滿情緒。有些激進的政敵也開始宣稱林肯該殺。有一天晚上，林肯正騎著馬前往他設立在「士兵之家」總部時，就有一個刺客對他開了槍，其中的一顆子彈居然穿過了林肯的絲質高帽！

儘管共和黨剛剛已經提名林肯第二次連任，但現在他們覺得做錯了。黨內的幾位最出色的人物都力勸林肯退出，其餘的人也曾這樣要求過。他們想要再召開一次會議，公認林肯失敗，並取消他的提名，另外推舉一個得票次多者代替候選人。

林肯自己也覺得自己是毫無希望的了，而且他根本就不做第二次競選的打算了。他

失敗了，他的將軍們失敗了，他的戰略也失敗了。人們對他的領導才能失去了信心，他也擔心聯邦本身將慘遭毀滅的厄運。

在一八六四年的整個夏天，林肯與三年前伊利諾州的那個體格魁梧的巨人比起來簡直判若兩人，在他身體和精神都發生了很大的變化。他的笑聲一天比一天少，他臉上的皺紋一天比一天深，他還患上了慢性消化不良症，他的雙腳常常發冷，他幾乎不能安眠，他經常帶著滿臉的愁容……

「這場戰爭正在折磨著我。」林肯說。

他的朋友們都擔心他的健康和精神，因此勸他休一次假。

「兩三週的休假對我來說我根本沒用的」，林肯說，「我逃不過我的思想，我幾乎不知道該如何休息。令我疲乏的因素，在我的心中是無法對付的。」

就在這個時候，格蘭特又失去了一次攻佔彼得斯堡的好機會，造成了大量的人員傷亡，這令林肯的支持者們更加感到不安起來。許多人認為，此時應該努力與南方和平解決爭執。

3

一八六四年這個可怕的夏天終於過去了，而秋天的到來也為林肯帶來了好消息：西線最高指揮官謝爾曼攻破亞特蘭大，正在進軍喬治亞。

這個消息令全國一下子歡騰起來，人們紛紛走上街頭，慶祝前方的勝利。

幾乎與此同時，海軍在莫比灣也獲得了勝利。

這時的李將軍已經不敢再貿然出兵了。於是，格蘭特便對彼得斯堡和里奇蒙進行了層層包圍……

南方聯盟就快要垮臺了！

這兩次軍事上的勝利，令國內的政治形勢一下子變得對林肯有利起來。林肯的將領們如今也開始占據上風，林肯的政策被也證明是可行的。

十一月八日這一天是全國大選日。這天，白宮裡「冷冷清清，幾乎看不見人影」。天氣陰沉沉的，不久又下起了大雨。由於受到暴風雨的影響，電報的線路不能正常工作。但根據斷斷續續打來的電報顯示，選舉結果與幾週前所作的估計相接近。

將近午夜時，有人推斷，林肯已經再次當選了。而林肯對這件事則表現得十分平靜，既沒有洋洋得意，也沒有情緒激動，他只是說：

「我感到十分高興，我對人民裁決得這麼完美、清楚和明確無誤，以致無可爭議，又感到深深的謝意。」

凌晨兩點，林肯起身離開了陸軍部，在門口遇到了一隊銅管樂歌手。這時，狂風暴雨也已經停息，人民紛紛向他歡呼雀躍，要求他發表講話。林肯總統即興說道：

> 我真誠地相信，即使這次選舉結果還算不上真正拯救了國家，對國家也會有長遠好處的……我不會去責怪人家反對我的動機。對我來說，戰勝任何人都不是什麼痛快事兒。不過，選舉結果倒是證明了一點，即人民決心站在自由政府與人權這一邊。

決定重大命運的一天很快便過去了，選舉的結果已見分曉，人民的抉擇也已經做出。這場規模巨大、損失慘重和令人厭惡的戰爭，是否還應在與戰爭開始時相同的那個人領導下繼續進行下去呢？在這個風雨交加、電報系統失靈的晚上，人民再一次向林肯做出了肯定的回答。格蘭特將軍在獲悉林肯連任的消息後，特地打來賀電說：

「對國家而言，這次勝利比戰場上獲得的一次勝利更有價值。」

十一月十日晚，林肯在白宮接待了一支賀喜的遊行隊伍，並向大家致了答謝詞：

「這次選舉是必要的。不進行選舉，我們就不可能有自由的政府。如果這場叛亂能夠迫使我們提前或推遲全國大選的話，那麼可以斷言，它已經征服和打垮我們了……黃金誠然可貴，但生氣蓬勃的勇敢愛國者卻比黃金更加可貴。」

在講話結束後，林肯還提議向英勇的陸海軍士兵和他們那富有經驗的勇敢指揮官們歡呼致敬。隨即，群眾中便爆發出一陣熱烈的掌聲和歡呼聲。

林肯再度當選總統的消息很快便傳遍了全世界，美國西部各州、紐約州和賓夕法尼亞州都一致稱頌林肯「這個懷有崇高目標和具有極其頑強精神的精悍農民表達了他們的決心。儘管他遭到品頭論足的指責，攻擊他好壓制，有時他的確也遭到了失敗；儘管他粗魯笨拙，有時缺乏當機立斷的才能，但他仍然不失為這個正在為自己的生存而進行鬥爭的國家的最好代言人。」

國外一些被稱為自由主義者的政治派別，對林肯的再次當選也是讚揚備至。法國的《辯論日報》中就寫道：

「這是第一次讓擁有普選權的人民對贊成或反對繼續進行這場痛苦的戰爭所做出的具有決定意義的直接表態。」

十一月二十二日，美國駐巴黎領事比奇洛寫道：林肯再次當選的「意義甚至比在美國所認識到的更為重大……在人們眼裡，這比美國革命以來所發生的任何事件都更值得全國人民銘刻在心」。

事實證明，格蘭特將軍說對了，十一月的總統選舉要比打一次大勝仗更為重要，因為它回答了很多問題。戰爭會繼續下去嗎？是的，而且要比以前更加殘酷無情地進行下去；徵兵會繼續下去嗎？是的，而且不會再遭到像以前那麼多公開的反對；要求言論和新聞自由的人怎麼樣了呢？雖然他們還不曾拋棄老習慣，但已不再那麼吵吵嚷嚷惡語傷人了，甚至有些人因此而有些目瞪口呆，處於一種無可奈何的境地了。

總而言之，人民推舉林肯，實現了他的願望。他對未來也充滿信心，絕不再讓他的人民失望。

3

第十七章　內戰勝利結束

要感謝生活中的逆境和磨難！

——林肯

1

一八六五年三月四日中午時分，在國會大廈前舉行了林肯總統第二次就職典禮。這一天，天空下著濛濛細雨，大街上刮著陣陣寒風，但這絲毫沒有阻止人群湧入國會大廈的門廊。

人海中爆發出經久不息的雷鳴般掌聲和歡呼聲，林肯總統與應邀出席的各界知名人士一同登臺。接著，林肯走到前列，宣讀第二次總統就職演說。全場鴉雀無聲，人人都凝神傾聽在這一莊嚴時刻所發表的具有歷史意義的演說：

……四年前我在就任總統時，人人都憂心忡忡，內戰迫在眉睫……一方寧願開戰也不肯讓國家生存下去，另一方則寧可應戰也不願聽任國家毀滅。於是，戰爭爆發了。

我國人口的八分之一是黑奴，他們並不是遍布整個聯邦，而是集中於南方。這些奴隸形成一種特殊而重大的利益。大家知道，這種利益可說是這場戰爭的導因。為了加強、永久保持並擴大這種利益，反叛分子不惜以戰爭來割裂聯邦，而政府則只要求有權制止他們地盤的擴大……如果上帝的旨意是要讓戰爭繼續下去，直到把兩百五十年來奴隸無償勞動所積聚的財富化為烏有，直到用鞭子抽出來的每一滴血都要用利刃

砍出來的另一滴血來償還，那麼三千年前人們說過的一句話，我們就必須重複一遍：「上帝的裁判總是公道正確的。」

> 我們對任何人都不懷惡意，對一切人都持寬容態度，堅持正義，因為上帝讓我們懂得正義。讓我們繼續奮鬥，努力完成我們正在進行的事業，包紮好國家的傷口，關懷肩負戰爭重擔的人們和他們的孤兒寡母，努力實現並維護我們相互之間、我國與各國之間的公正、持久的和平。

當林肯念到最後一段時，許多人的眼中都噙著淚水。林肯再一次莊嚴地將他的左手放在攤開的《聖經》一頁上，舉起右手，跟著首席法官蔡斯複誦就職誓詞。

林肯在非常時期所作的連任總統就職演說，同樣也具有劃時代的意義：它既是復仇的怒吼，又是福音的祈禱；既是繼續戰鬥的號角，又是娓娓動聽的說教——仁智互見，各取所好。

而此刻在前方的戰場上，格蘭特將軍不負眾望，向南方同盟軍發起了一次又一次的猛攻，以壓倒優勢的兵力和源源不斷的後援痛擊李將軍的部隊，令戰爭形勢得到了根本性的扭轉。

到了這個時候，人們對怎樣進行戰爭的爭論逐漸減少了，戰爭機器運轉的故障也逐

1

漸減少了，提請林肯總統最後決定的複雜軍事問題相應地也減少了。在參眾兩院的會議上，大家幾乎不再提到這場戰爭的內容，討論的問題是怎樣進行建設，重振聯邦的經濟。

與北方的有條不紊恰好相反，南部此刻是士氣低落。種植場主階級已經看到了他們的末日即將到來的跡象，雖然這些跡象還沒有表明他們將怎樣垮臺，但足以表明他們不會有什麼好下場了。在一八六五年初，戰爭形勢更是進一步惡化，整個南方都處於一種絕望的狀態之中。

此時，北方的主和派也開始活動起來。一些人雄心勃勃，認為只要處理得當，和平事業是大有希望的。而這也恰好迎合了南方的心理，於是雙方又開始了一輪和平接觸。

對於主和派的觀點，林肯認為，要實現南北和平，就需要遵循三個必不可少的條件：

一、在所有各州恢復聯邦的權力；

二、合眾國總統對奴隸制問題的立場，絕不能從總統最近致國會年度諮文和先前的文件中對這個問題所持的立場後退；

三、除非對方停止戰爭和解散一切反政府軍隊，否則絕不停止對敵行動。

林肯所提出的這三個條件遭到了南方的拒絕。此後，林肯還親自會見了南方特使，並且態度更加明確。他表示：反叛的各州最好馬上回歸聯邦，不要再企圖僥倖取勝，讓戰爭無限期地拖延下去，增加國會的仇恨情緒。

然而這次會談並沒有取得讓雙方都滿意的結果。當南方同盟的特使帶著他們的會談報告回到南部時，里奇蒙人心惶惶，亂作一團。南方同盟的傑佛遜・戴維斯（Jefferson Davis）總統說，他寧可含羞受辱，也不願重新聯合，並且揚言同盟將「在不到十二個月的時間內迫使北方佬按照我們的條件向我們求和」。

會談沒有結果，北方又開始向南部發動了大規模的進攻。一八六五年二月，謝爾曼揮戈北上，三月二十一日在北卡羅萊納州與格蘭特的軍隊會師，實現了南北鐵騎合圍。

前方不斷傳來好消息，讓林肯想親自到前線去視察一下格蘭特的軍隊，同時也是為了能夠暫且擺脫華盛頓繁忙的日常工作，與格蘭特一起研究一下結束戰爭的條件。

一路上，林肯親眼目睹了兩軍血戰的情景。他看到聯邦軍發動反攻的地方，身著藍色、灰色軍服的屍體無聲無息、橫七豎八地堆在一起。傷患更是比比皆是，有的在喘氣，有的在呻吟……

林肯看到這一切，除了滿臉的悲傷外，沒有發表任何意見。

1

到了格蘭特的司令部後，林肯休息片刻，便向格蘭特及圍坐在四周的參謀人員談起政府遇到的種種困難，以及在戰爭失利的情況下財政和外交的窘迫處境等。但是，人民堅定的愛國主義、北部忠誠的獻身精神和軍隊優秀的戰鬥素養戰勝了這一切困難。當格蘭特問道：

「總統先生，對於我們事業的最後勝利，你懷疑過沒有？」

林肯欠了欠身，右手做出了一個強有力的手勢說：

「從來沒有。」

第二天，林肯檢閱了部隊。

三月二十八日，林肯總統與格蘭特、謝爾曼，以及海軍少將波特將軍等人，在總統乘坐的「女河神號」船上召開了一次例會，主要是討論怎樣打勝最後一場血戰，以及一旦叛軍被擊敗，將怎樣處置他們。

林肯總統說，自己已經做好了準備。並告訴三位將軍，他們要做的就是奮力打敗敵軍，讓同盟軍士兵回鄉務農經商。等戰爭結束後，立即著手整頓南部的民政事務。

會議結束後，林肯非常直率地問謝爾曼：

「你知道我為什麼看中你和格蘭特嗎？」

「我不知道，林肯先生，您一直對我關懷備至，遠遠超出我所應得的待遇。」謝爾曼恭敬地回答說。

「告訴你，因為你們從不對我挑剔。」林肯也誠摯地說。

2

一八六五年四月二日這天，南方同盟總統傑佛遜．戴維斯正端坐在教堂的聖壇下面，一位經過長途跋涉、滿身泥漿的副官跳下馬來，遞給他一份文件，是羅伯特．李將軍寫來的信。

李將軍在信中說：

「我建議做好一切準備，今晚就撤離里奇蒙。其他視情況發展再告。」

在這之前，格蘭特將軍所率領的北方軍隊已經對里奇蒙圍攻了九個月了。李將軍的軍隊在這裡是痛苦難熬。他們幾乎領不到薪餉，即使能領到，也是南方同盟政府的紙幣，現在幾乎不值錢了。買一杯咖啡要三塊錢，買一根火柴就要五塊錢，而買一桶麵粉則要一千塊錢。

在給同盟總統戴維斯寫完彙報信後，李將軍的軍隊百年放火燒掉了城裡的棉花和菸草倉庫，還焚毀了兵工廠，搗毀了碼頭上尚未完成的船隻，並趁著晚上的煙火從城裡逃了出去。

就是在這天晚上，戴維斯帶著他的閣員與其他官員一同乘火車離開了他們的首都，離開總統府，並於次日下午抵達維吉尼亞州的丹維爾。

2

四月三日上午，聯邦將領戈弗雷·韋策爾（Godfrey Weitzel）將軍在市政廳接受了里奇蒙叛軍的投降。下午，他的部隊平息了騷亂。隨後，韋策爾將軍致電陸軍部：

「我軍於上午八時一刻占領了里奇蒙。」

林肯一聽說軍隊已經占領了里奇蒙，馬上動身前來視察。在這溫暖的四月裡，總統一行人在滿是塵土的大街上走了將近兩英里才到達里奇蒙的市中心，來到南部同盟的總統府。

這一路讓林肯總統走得渾身塵土，滿頭大汗，他累得一屁股坐在長桌旁的一把椅子上，第一句話就是：

「請給我一杯水。」

當林肯得知他所坐的那把椅子就是傑佛遜·戴維斯坐過的，那張桌子也是戴維斯處理文件時用過的，他感到這一切都很有趣。

李將軍的軍隊在二日晚上剛剛逃出城，格蘭特率領的七萬兩千名士兵便從兩側和後面緊緊追了過來，而前面又有謝利敦所率領的騎兵攔截，堵住鐵路，奪取了他們的補給列車。

這時，謝利敦打電報給總部彙報情況：

「我想如果現在乘勝追擊，李將軍必定投降。」

林肯馬上回電：

「那就繼續追擊下去！」

果然，在追擊了四十公里後，格蘭特終於將南方軍隊團團包圍起來。

在腹背受敵、四面楚歌的困境中，李將軍在做過幾次突圍後，希望漸漸破滅。最終，李將軍只好透過信函試探格蘭特請求投降，而這也與格蘭特「在不再死一個人的情況下解決種種難題」的願望不謀而合。於是，格蘭特將軍當即復函，將會晤地點通知了李將軍。

四月九日下午，在一棟簡陋的小磚房裡，格蘭特和羅伯特．李兩位將軍見面了。

其實早在二十年前，格蘭特與李將軍兩人在美國與墨西哥作戰期間，都在正規軍裡擔任軍官。所以，兩人這次相見後也很客氣，並一起回憶了好多年前的日子，包括在墨

2

西哥邊界過冬時的情景、通宵打牌的事等等。

「我們的會談越來越有趣了，」格蘭特記載著，「以至我都幾乎忘記了我們這次會談的真正目的。」

最終，李將軍將話題轉移到投降條件上來了，但是格蘭特並沒有正面回答他，他的心還在不斷回憶二十年前的往事。

如果不是李將軍第二次打斷他，格蘭特可能整個下午就這樣一直回憶往事了。

於是，格蘭特提起筆，潦草地寫下了投降的條件。

格蘭特寫下的條件，對南方軍來說很寬容：李將軍的軍官們被獲准保留軍械，而士兵們則可釋放回家。每個要求馬匹的士兵都可以獲得，並可騎回自己的農莊或棉花田中去，重新回去耕種家園。

為什麼投降條件如此寬大？因為這是林肯總統親筆列述的條文啊！

下午三點四十五分，羅伯特．李對格蘭特所提出條件寫下接受書並簽了字，因而完成交出軍隊的文件手續，剩下的僅僅是清點人數和蒐集槍枝了。

至此，一場南方同盟與北方聯邦的內戰，在付出了六十多萬人的生命代價後，終於以林肯為首的北方聯邦政府獲勝而告終。

3

第二天黎明時分，隆隆的禮炮聲響徹了華盛頓的上空。街道上人群如海，歌聲似潮，歡呼聲在空中不斷地激盪。主戰和反戰的人們都在一起歡慶勝利，高呼聯邦萬歲！林肯萬歲！格蘭特和謝爾曼萬歲！

從一八六一年四月中旬到一八六五年四月中旬，南、北雙方共徵召兵員三百多萬人，陣亡的將士和傷病死者約有六十二萬人，其中南方二十六萬人，北方三十六萬人。如今戰爭終於結束了，人們有理由盡情地去歡呼，去謳歌他們的領路人。

四月十一日，林肯總統在白宮門前發表了一次演講，旨在開誠布公地向全國講清楚，希望在國會開會前能使大多數人民與他站在一起。他說：

「我們今晚不是在悲哀裡，而是在衷心的喜悅中集會，這一切都歸功於格蘭特將軍，歸功於他的英勇善戰的官兵們……恢復國家權力，重建南部，這是我們從一開始就著重考慮的問題。現在我們已經獲得了勝利，那麼這個問題比過去更加迫切地需要我們給予注意。重建南部，困難重重。這場戰爭同獨立國家之間的戰爭不一樣，對方不存在我們可與它打交道的權力機構，沒有一個人能有權代表任何其他人放棄叛亂。我們必須從那些沒有組織的、意見不一的分子入手，把它們捏在一起。」

的確，戰爭雖然是結束了，但內戰所遺留下來的問題卻需要政府花費大量的時間和精力去解決。比如關於如何對待被打敗的南方同盟分子的問題，許多高級官員都堅持要對他們進行懲罰：「他們罪大惡極」，如果不給予懲罰就讓他們回到聯邦，那影響簡直太壞了，而且後患無窮。

但對這個問題，林肯卻主張「應在盡量保全那些反政府判亂分子的面子的前提下，迅速著手重建工作」。

總統的這一觀點也得到了北部大多數人民和全體士兵的支持。格蘭特將軍也相信總統的觀點是正確的。就連謝爾曼，這個先前比其他任何人都贊成對南部實行懲罰和摧毀軍事戰略的將軍，現在也斷然贊成採取溫和、親善的和平政策來解決問題。

當林肯被問及他將如何處置南方同盟政府首腦傑佛遜．戴維斯時，他講了一個故事：

「當我住在印第安納州還是個孩子的時候，有一天早晨，我到一個鄰居家去，發現在鄰居家有一個個子跟我差不多高的男孩，正用一根繩子牽著一頭浣熊。我問他在幹什麼，他回答說：『這是一頭浣熊。爸爸昨晚捉到了六頭浣熊，除了這個可憐的小傢伙之外，其餘的五頭都被他殺了。爸爸讓我把這頭小熊守到他回來，我擔心他把這一頭也殺掉。唉，亞伯，我多麼希望它跑掉呀！』『噢，那你為什麼不把它放走呢？』『那可不行，要是我把它放走，爸爸就會揍死我的。但是，如果它跑掉，那就什麼事也沒了。』」

說到這裡，林肯頓了頓，然後說：

「現在，如果傑佛遜．戴維斯之流自己跑掉的話，那麼也就什麼事都沒了。但是，如果我們逮住了他們，又把他們放走，那麼，『爸爸就會揍死我的』。」

此時的傑佛遜．戴維斯，那個誓言「定將獲得獨立」的傢伙，正在北卡羅萊納州舉行南部同盟的最後一次會議。他執筆寫了一封代南部軍隊向謝爾曼請求投降的詢問信，隨後南部同盟內閣被解散，他向著更南的方向逃竄而去。

戴維斯是民主黨人，也是大奴隸種植場的奴隸主，曾經參加過墨西哥戰爭，還擔任過聯邦政府的陸軍部長，是南部叛亂的主要策劃者。在林肯總統被刺後，五月十日，他在喬治亞州伊爾文維爾被捕入獄，後來被詹森政府釋放，沒有受到任何懲罰。

3

第十八章　遇刺身亡

失敗者任其失敗，成功者創造成功。

——林肯

1

在美國內戰進行的幾年當中，各種勢力都在進行著殊死的搏鬥，這也令總統林肯身邊時刻都有死亡的陰影伴隨著。

在林肯的辦公室裡，有一個大大的信封，上面注明「暗殺」的字樣。這個信封裡面收集的，全部都是林肯接到的恐嚇信。截至一八六五年三月底，裝在這個信封中的恐嚇信就有八十多封。林肯對國務卿西華德說：

「我知道我每天都處於危險之中，但我不想把這種恐懼放在心頭。」

四月十四日這一天是西方的耶穌殉難日，這天林肯預定的日程是：八點以前辦公，然後進早餐，十一點內閣開會前接見來訪者；午餐後再接見客人；傍晚偕夫人乘馬車兜風，同伊利諾州的舊友非正式會晤，最後與夫人和幾名隨從去劇院。

這天上午十一時，林肯按照排程召開了內閣成員會，從前線返回華盛頓的格蘭特將軍也應邀參加了。在會上，林肯總統談到了他對南方重建法律、秩序和新的州政府等問題的看法。林肯興致勃勃地說：

「我感到很幸運的是，這場大叛亂恰逢國會休會時被粉碎了，這就讓國會中的搗亂分子無法再干擾我們了。如果我們明智而又謹慎，我們就能推動各州重新行動起來，使

各個州政府都能卓有成效地開展工作，從而令國會在十二月復會前得以恢復社會秩序和重建聯邦。」

會議看完後，林肯總統邀請格蘭特夫婦晚上與自己一起去看戲。

下午兩點左右，林肯召見了副總統安德魯．詹森，讓他熟悉自己的重建方針。

隨後，林肯偕同夫人一起乘馬車出去兜風。當馬車一路奔馳時，總統談起了今後四年在華盛頓的計畫。他還希望將來能夠出國旅行一次，然後回到春田市，也許會重新做回他的老本行，去當律師，或者在桑加蒙河畔的草原上經營一個農場。

傍晚，林肯步行來到陸軍部。這時，他做了一件或許是他破天荒第一次做的事情。在以往，當有人告誡林肯總統要注意自己的安全時，他總是一笑了之。不過這一次是林肯首先提出這個問題的。他對警衛人員克魯克說：

「克魯克，我相信有人想要謀殺我，你知道嗎？」

過一會兒，林肯又自言自語地說：

「我毫不懷疑，他們會這樣做的。」

在談到計劃晚上去看戲時，林肯說：

「既然已經登出廣告說我要去那裡，我就不能讓人民失望，否則我是不去的。我並不願意去。」

對此，當時林肯身邊的人都沒有在意。

晚餐後，林肯一掃白天的悶悶不樂而又嚴肅的表情，情緒開始高昂起來。陪同總統和總統夫人乘馬車一同前往劇院的有斯坦頓派來陪伴總統的亨利．里德．拉斯伯恩(Henry Rathbone)和他的未婚妻克拉拉．哈里斯(Clara Hamilton Harris)小姐。拉斯伯恩是一位志願兵少校，也是一個在陸軍部裡頗受信任的武官。跟隨林肯總統一同前去的衛士是約翰．派克，他是從首都員警部隊派來白宮擔任保衛工作的四名軍官之一。派克的任務就是對總統寸步不離，嚴密地監視可能暗算總統的任何人。他事先已經對劇院進行了檢查，並沒發現什麼可疑點。

晚上九點左右，林肯一行人進入福特劇院，然後由一個引座員帶著他們分別走向包廂。在座的一千多名觀眾看見或聽說總統來了，都一起鼓掌歡迎。許多人都站起來，有的還發出歡呼。林肯不時地停下來，向這些熱烈歡迎他的觀眾致意。

當天晚上，劇院演出的是英國劇作家托姆．泰勒十四年前的劇本《我們的美國親戚》。總統看戲總是很投入，這次也一樣，他看得興致勃勃，絲毫沒有覺察危險正在悄悄靠近。

2

在演出期間，約翰·派克的任務和職責就是保護總統的安全，片刻也不能離開通往包廂的那道門或通往樓廳的那道門旁。但不知是由於演出換幕的間歇，還是劇情不夠精彩，抑或由於貪飲隨身帶的威士忌酒，他竟然擅自離開了崗位，下樓到街上和幾個同伴喝酒去了。

而派克的這一疏忽，給了伺機下手殺害總統的「不速之客」有絕佳的可乘之機。

戲還是要繼續演下去的，觀眾們都在等待下一幕開演。下一幕是什麼呢？那將是雷鳴海嘯，是火山噴發，是最令人難以想像的悲劇。當這一悲劇傳開，整個世界都將為之震動。

劇院裡的人誰都沒有注意到，就在這個時候，一位名叫約翰·威爾克斯·布思(John Wilkes Booth)的「不速之客」已經穿過外面的大門，進入一條狹窄的過道中。

布思是一個相當具有魅力的演員，同時也是南方聯盟的熱愛者。他事先在林肯總統包廂的門上鑽了一個小小的窺視孔，想透過這個小孔了解包廂內總統的一舉一動。還在樓廳通往總統包廂的門後挖了一道槽痕，以便用木板將門堵死。另外，他還寫了一封長信，說明他謀殺總統是出於愛國心。他將這封信交給了一個演員，要他第二天拿出去發表。

2

晚上十點十分左右，布思按照事先的計畫進入通道，將通道的門頂住。這時，通道裡空無一人，派克剛好離開。布思躡手躡腳地靠近包廂門，透過事先打好的小孔觀察包廂裡的動靜和扶手椅上他將要暗算的人。

過了一會兒，布思輕輕拉開門，走近自己的目標。他的右手握著一支銅製單發大口徑袖珍手槍，左手持著一把匕首。接著，他慢慢地舉起槍，伸直右臂，瞄準相距不到五英尺的那個人的後腦袋扣動了扳機。

只聽「砰」的一聲，一顆子彈射向林肯總統的頭部左側，從齊耳高，距左耳三英寸的地方射入後腦。子彈斜著穿過總統的大腦朝向右眼方向，最後停留在右眼眶後幾英寸的地方。

聽到槍聲，拉斯伯恩少校猛然從椅子上躍起來，發現不遠處煙霧彌漫，並看到一個陌生的傢伙正站在包廂門與總統之間。拉斯伯恩少校猛地撲上去，布思則揮動匕首向拉斯伯恩少校猛砍過來。

此刻的布思就像一頭張牙舞爪的野獸一般，臉上殺氣騰騰，一雙凶狠的眼睛瞪視著。他惡狠狠地對準拉斯伯恩的心窩猛刺過去，拉斯伯恩用右手臂一擋，匕首深深刺入了他的手臂，他的身子向後晃了一晃。惡虎般的刺客布思乘機跨上包廂的圍欄。

這時，拉斯伯恩再次回過身來，向布思猛撲過去，一隻手拽住了他。布思轉身向拉斯伯恩猛刺了一刀，隨即縱身往下跳。但裝飾包廂的聯邦錦旗纏住了他馬靴上的馬刺，讓他一下子失去了控制，從十英尺高的地方跌落到舞臺上，左腳腳踝上側的脛骨被折斷了。

布思顧不得腿痛，站起身來便一瘸一拐地向前奔逃。後面傳來一聲聲大聲的呼喊：

「抓住他！」

「抓住凶手——」

觀眾們突然發現一個人從前排座位跳上舞臺，緊追一個在前面狂奔的人。這個在後面窮追不捨的人，就是受傷的拉斯伯恩少校。

刺客布思以驚人的速度從兩個演員之間衝過了舞臺，箭似的射向一個入口處，又狂奔到一扇小門邊。出了小門後，便是一條窄小胡同，那裡此時正有個人牽著一匹栗色的駿馬在等他。

布思一腳將那人踹開，翻身躍上馬，隨著一陣「達達達」的馬蹄聲後消失得無影無蹤。從子彈射出到刺客逃走，總共也不過六七十秒的光景。其速度之快，路途之熟，令人嘆為觀止；而其計畫之周密，手段之狠毒，更是令人瞠目結舌。

2

就在這一分鐘左右的時間裡，林肯夫人毛骨悚然的驚叫聲突然響徹了整個大廳：

「天啊！總統遇刺！快來救人！」

兩百多名士兵迅速趕來封鎖了現場，拉斯伯恩少校追趕凶手不著，便不顧自己受傷後鮮血直流、疼痛難忍的手臂，返身回來叫喊著尋找醫生。他先拔下那根頂著門的結實的小木棍，推開小門，又推開了一大群的觀眾，只帶進了一個滿臉絡腮鬍子的合眾國志願兵助理外科醫生查理斯．利爾。

二十三歲的利爾醫生在眾人的協助下，將歪在椅子上一動不動、低垂著腦袋的林肯總統抬起來平放到地板上。利爾醫生熟練地翻開總統的眼皮，診斷為腦損傷。他又迅速扒開血塊已經凝結的頭髮，發現了一處槍彈傷口，於是輕輕地剝除凝固血塊，以減輕這些血塊對大腦的壓力。這時，林肯才發出了一絲微弱的呼吸，脈搏隱隱有些起伏。

很快就又來了兩位醫生。檢查結果證明子彈是從頭部左側射入的，到達靠近右眼的地方，沒有出來。總統被一致認為受了致命傷。在進行了一番促進心臟跳動的搶救工作後，總統的脈搏和不均勻的呼吸才有了好轉。

大約在十時四十五分左右，即距離開槍不到半小時的時間，幾個人七手八腳地將這位受了致命傷的「人類之友」抬到福特戲院對面最近的第十街四五三號彼得森先生家的

房客威廉·克拉克租用的房間中，安放在一張簡易的木床上。

在稍事休息後，醫生替總統脫下衣服，從頭到腳檢查了一遍，沒有發現另外的傷口，只是下肢逐漸開始變涼。醫生們雖然採取了一些醫療措施，無奈總統的呼吸越來越困難，左眼瞳孔也異常收縮，右眼瞳孔則不斷擴大，兩眼對光反射完全消失，完全失去知覺，偶爾喘一下粗氣，也顯示呼吸十分不暢。

凌晨兩點時，醫生曾試圖找出射入總統頭部的那顆子彈。但過了一會兒後，他知道再找下去已經沒有意義了。

這一夜，是美國歷史上最為可恥的一夜，總統受了致命傷，奄奄一息，而國務卿西華德的家中也出事了。西華德家中至少有七人受傷，西華德因為生病躺在床上，也被刀刺成了重傷。

林肯總統的最後一次呼吸是在一八六五年四月十五日的上午七時二十一分五十五秒，最後一次心臟跳動是在七時二十二分十秒。在這一時刻，一顆偉大的心臟停止了跳動。亞伯拉罕·林肯，這個與閃電和長虹為伴，在荒野草原中成長的孩子，這個名字與全世界人民爭取自由和解放的鬥爭緊緊連繫在一起的傳奇式人物，與世長辭了。

3

一八六五年四月十五日，林肯總統遇刺身亡的噩耗傳開了，華盛頓上空喪鐘響起，久久迴蕩。紐約、波士頓、芝加哥、春田市以及所有的都市和村鎮，都是喪鐘長鳴。人們降下半旗，將鮮豔的彩旗和紅、白、藍三色花飾取下，換上和掛起黑紗或黑色飾物，以示對這位偉大總統的哀悼。

在無比沉痛之餘，人們不禁要問：到底凶手是誰？

四月十五日這天一早，世界一流的莎士比亞戲劇演員愛德溫．布思正躺在床上休息，一位僕人進來告訴他，他的弟弟約翰．威爾克斯．布思開槍打死了總統林肯。現在，陸軍部已經到處張貼他的姓名和照片，懸賞五萬美元緝拿歸案，生死不論。

約翰．威爾克斯．布思出生在離巴爾的摩二十五英里的一個農場主家庭中。當南部各州脫離聯邦時，他曾身為一個嶄露頭角的演員而流竄到北部，在北部各地巡迴演出。

一八六四年，布思因為嗓子出了問題，演出的次數比以前少了。他看到戰爭正在激烈地進行，南部也逐漸敗退，而自己卻過著安穩舒服的日子，內心充滿了譴責。於是，他冥思苦想出一個辦法，想用以實際行動來拯救南部的事業，同時也要讓全世界看一場驚心動魄的演出。

一八六四年十一月，布思在探望姐姐愛莎時，曾交給她一封信。信的內容如下：

我是對還是錯，上帝自會做出裁判，凡人無權裁判。不管我的動機是好是壞，但我確信這一點：北部將遭到人們世世代代的譴責。

我始終認為南部是正義的。四年前，林肯被提名為總統候選人這件事，清楚地說明將要爆發戰爭，反對南部的權利和制度的戰爭。林肯的當選證實了這一點。

這個國家是為白人，而不是黑人建立的。

我過去就像現在這樣認為，只有那些廢奴主義者才是這個國家的賣國賊，整個共和黨都應遭到像老布朗（美國廢奴運動傑出領導人，領導奴隸起義，後來被捕，於一八五九年處以絞刑）一樣的下場。

我曾竭力探索過，既然我們的國名合眾國和《獨言宣言》都規定可以脫離，那麼究竟還有什麼理由可以否認一個州脫離的權利？但現在沒有時間多談了。

我只熱愛南部，我認為設法使此人成為我們南部的囚犯並不是一種恥辱，他是使南部遭受無窮災難的罪魁禍首。

一個同盟成員責無旁貸地在自願盡職。

約翰·威爾克斯·布思

3

一八六五年四月十四日前，布思大部分的時間都住在華盛頓。他經常外出東奔西跑，至於到底在幹什麼，沒人能知道。其實，他正在潛心觀察林肯的生活方式，並發現了林肯經常看戲這一習慣。於是，布思便經常到林肯光顧的兩個劇院格羅弗劇院和福特劇院，在那裡混得很熟。他熟悉劇院裡的每一個進出口、每一扇窗、每一個轉角、每一個大廳、每一間休息室和每一條通道。

四月十四日上午，布思在福特劇院聽說白宮派人來為總統預訂了當晚的一個包廂，便立刻採取行動，並租了一匹栗色馬。

晚上七點，布思開始行動了。他找到自己的同夥潘因，然後商量好當晚的同一時刻行動，潘因去刺殺國務卿西華德，布思去刺殺總統林肯。

快到晚上十點鐘時，布思來到福特劇院的後門，吩咐劇院的一位木匠幫他看馬，然後走進劇院，進入舞臺底下，從那裡的一個便門中穿出來，溜進一條小巷，又從那裡走到劇院正門的大街上。

十點十分，布思打開休息室的門走入正廳，想看看總統的包廂裡有沒有其他人。他曾經看過這部戲，所以他也早已盤算好應該在哪幾個高潮時下手。又過一會兒，舞臺的正前方就只有一個演員，兩旁也只有一個婦女和一個男孩。每當兩名女演員下場時，觀眾總會發出笑聲，這笑聲也許會淹沒一個包廂內發出的不同尋常的聲音。

布思悄悄地上了通往特等座席的樓梯，穿過後邊的一排座位，來到通往總統包廂的通道門口。他靠在牆上，冷靜地環視著大廳。這時，舞臺上就只剩一個演員了。

布思打開那扇通往總統包廂的狹窄通道上的門，進門後隨手把門關上，並用一根細木棍架在事先挖好的凹痕處，頂住門框，然後躡手躡腳地走到包廂門口，透過事先鑽好的小孔向裡面窺探，看到他要謀殺的那個人正好坐在他希望坐的那個位置上。於是，他輕輕地把門拉開，悄悄地走進了包廂。

直到那一瞬間之前，任何可能都會發生，而一旦發生就會完全影響下一步將要出現的情況。可惜的是，這個瞬間什麼也沒發生，下一瞬間發生的事竟然載入了史冊……

四月二十六日上午，正義之劍終於降臨到約翰．威爾克斯．布思的頭上。他那受傷的脛骨暴露了他的身分，讓他的末日來臨了。

這天，這個對奴隸制死心塌地的衛道士，終於在維吉尼亞州卡洛林郡的博林格林被聯邦軍警追趕上。在一個從外面放火燒著了的倉庫中，一顆正義的子彈射穿了這個匪徒的頭骨。

布思被人從大火中拖出來後，放倒在一棵大樹下，苟延殘喘地等待死亡的來臨。據說，布思在死前要求旁人把他的雙手抬起來，讓他能看看自己的這雙手。他望著自己的這雙手，然後用沙啞的嗓子低聲說：

「不行了！不行了！」

這是布思死前吐出的最後幾個字。這個罪孽深重的惡棍，就這樣結束了生命。

隨後，與布思一同作案的四名罪犯也都先後落網，被送上了絞刑架。

4

一八六五年四月十八日，成千上萬的人匯集到白宮的草坪上。他們排成兩列縱隊，分別從靈柩兩側魚貫地走入東廳，瞻仰林肯總統的遺容。

在白宮的東大廳，停放著林肯總統的遺體。一頂黑色縐綢的帷幔罩在放在臺上的靈柩上。靈柩的四周裝飾著穗狀飾物、草葉、銀星和銀線。在一座銀碑上，刻著這樣的碑文：

合眾國第十六任總統亞伯拉罕．林肯
生於一八〇九年二月十二日
卒於一八六五年四月十五日

第二天，數百名政要人物來到白宮舉行哀悼儀式。在表示哀悼的隆隆禮炮聲中，總統的靈柩慢慢啟動。美利堅合眾國第十六任總統亞伯拉罕·林肯，最後一次出了總統府正面巍峨的大門。

在通往國會大廈的路上，人行道和路兩旁都擠滿了前來瞻仰的人群。六萬名群眾目送著四萬人的送殯行列緩緩移動。

四月二十一日上午，林肯的靈柩被安放在華盛頓車站一節特別的殯車上，開始了送殯的旅程。載著總統遺體的列車將行駛一千七百英里，沿途經過四年前林肯第一次赴華盛頓就職時所經過的各站。

在巴爾的摩，處處都表示出對總統的哀悼和崇敬；在哈里斯堡，有三萬多群眾冒著傾盆大雨來送別總統；在費城（Philadelphia），有五十萬人等候殯車，前來致哀的人排了三英里長；在紐約市，從高樓大廈到貧民窟，將近十萬人匯成了浩浩蕩蕩的送殯行列，其中包括兩千名黑人代表……

沿途的每一座城鎮、每一個鄉村、每一個十字路口和每一個偏僻的農莊，都對林肯總統的去世表示沉痛的哀悼。

靈車終於回到了春田市，停在林肯曾經發表過演講的州議會大廈裡。前來哀悼的人從清晨到深夜，川流不息。

五月四日，在春田市，靈柩被運到橡樹嶺公墓進行安葬，數萬名的群眾前來出席林肯總統的葬禮。他們滿懷悲痛，聽取了林肯總統的第二次就職演說錄音。

鮮花灑向墓穴，一把一把，多得積成了花丘，卻也表達不盡人們對已故總統的哀悼和追念……

林肯去世後，美國和世界的評論家都一致讚譽這位偉大的總統，認為他的一生體現了兩大成果——解放黑奴和維護聯邦。正是他所領導的這兩項偉大的事業，才確保北方在南北戰爭中最終贏得勝利。

俄國著名作家列夫．托爾斯泰 (Lev Nikolayevich Tolstoy) 也評價說：「林肯由於具有獨特的精神力量和偉大的人格，已經成為世界人民心目中的傳奇人物，他的地位相當於音樂中的貝多芬、詩歌中的但丁、繪畫中的拉斐爾和人生哲學中的基督。即便是他不曾當選為總統，也將無可爭辯地與現在一樣偉大，但這恐怕只有上帝知道。」

愛默生 (Ralph Waldo Emerson) 認為，林肯總是根據需要而成長。在戰爭年代中，他是一個「沒有假日的總統，沒有晴日的水手……他的歷史就是他那個時代的美國人民的真正歷史。他一步一步地走在前面，他們慢，他也慢；他們加快步伐，他也加快步伐。他是這個大陸的真正代表，是完全獻身於社會活動的人，是合眾國之父」。

林肯總統遇刺後，詩人華特．惠特曼（Walt Whitman）還以真摯的感情撰寫了一首最能抒發廣大人民內心哀痛的挽歌。

詩人想像著，正有一艘航船歷經大海中的驚濤駭浪和痛苦磨難，最終正準備朝碼頭上歡呼的人群和歡迎的鐘聲平穩地駛進港口時，突然，甲板上鮮血流淌，船長一動不動地躺在那裡。他已閉上了雙眼，渾身業已冰涼。於是，無數急劇跳動的心靈，共同迸發出了一曲萬人盡肅的悲歌：

船長啊我的船長！
起來吧，
起來細聽這鐘聲！
旌旗為你招展，
號角為你齊鳴，
人們為你獻上束束花環，
人群為你擠滿了海灘，
這洶湧的人流在為你吶喊，
多少張笑臉在殷切地期待。
船長，我親愛的父親，

4

在這裡，你的頭枕上我的手臂！
甲板上的一切，恍如夢境—
你閉上了雙眼，渾身業已冰冷。

我的船長沒有答應，
他蒼白的雙唇永遠緊閉。
我的父親感覺不到我的手臂，
他已停止脈搏，毫無知覺。
我們的航船安然停靠，
它的航程到此終了。
這英雄的船兒，
勝利歸來，征服了驚濤駭浪。
啊，歡呼吧，洶湧的海灘，
齊鳴吧，響亮的鐘聲！
可我輕輕挪動悲悲切切的腳，
徘徊在甲板上，那裡躺著我的船長
他閉上了雙眼，渾身業已冰冷。

林肯生平大事年表

一八〇九年　亞伯拉罕．林肯出生在美國肯塔基州哈丁郡霍金維爾附近的一間簡陋的小木屋中。
一八一六年　七歲，全家搬離居住地。
一八一八年　九歲，年僅三十四歲的母親南希．漢克斯不幸病逝。
一八二七年　十八歲，自己製作了一艘擺渡船。
一八三一年　二十二歲，經商遭遇失敗。
一八三二年　二十三歲，競選州議員，落選；想進法學院學習法律，但未能如願。
一八三三年　二十四歲，向朋友借錢經商，年底破產。接下來用了十多年的時間，才把這筆錢還清。
一八三四年　二十五歲，再次競選州議員，成功當選。
一八三五年　二十六歲，訂婚，然而在即將結婚時，未婚妻病逝。
一八三六年　二十七歲，精神完全崩潰，臥病在床達六個月。
一八三六年　二十九歲，競選州議員發言人，未能成功。
一八四〇年　三十一歲，爭取成為被選舉人，落選。
一八四二年　三十三歲，與瑪麗．陶德結婚。
一八四三年　三十四歲，參加國會大選，結果再次落選。
一八四六年　三十七歲，再次參加國會大選，這次成功當選。
一八四八年　三十九歲，尋求國會議員連任，結果失敗。
一八四九年　四十歲，欲在自己州內擔任土地局長，被拒絕。
一八五〇年　四十一歲，退出國會，繼續做律師。
一八五四年　四十五歲，競選參議員，落選。

一八五六年　四十七歲，參加共和黨全國代表大會，競選副總統提名，失敗。

一八五八年　四十九歲，再度參選參議員，再度落選。

一八六〇年　五十一歲，身為共和黨候選人，當選美國第十六任總統。

一八六二年　五十三歲，起草《解放奴隸宣言》草案。

一八六三年　五十四歲，正式頒布《解放奴隸宣言》。

一八六四年　五十五歲，連任美國總統，南北戰爭以北方軍的勝利而結束。

一八六五年　五十六歲，四月十四日晚，在華盛頓福特劇院被演員約翰·威爾克斯·布思開槍射擊，十五日經搶救無效去世。

林肯生平大事年表

電子書購買

國家圖書館出版品預行編目資料

黑奴解放者林肯：《解放奴隸宣言》× 蓋茲堡演說，賭上性命只為換取全美的和平與正義 / 潘于真著 . -- 第一版 . -- 臺北市：崧燁文化事業有限公司 , 2022.06
面； 公分
POD 版
ISBN 978-626-332-365-0(平裝)
1.CST: 林肯 (Lincoln, Abraham, 1809-1865)
2.CST: 傳記 3.CST: 美國
785.28 111006992

黑奴解放者林肯：《解放奴隸宣言》× 蓋茲堡演說，賭上性命只為換取全美的和平與正義

臉書

作　　者：潘于真
發 行 人：黃振庭
出 版 者：崧燁文化事業有限公司
發 行 者：崧燁文化事業有限公司
E-mail：sonbookservice@gmail.com
粉 絲 頁：https://www.facebook.com/sonbookss/
網　　址：https://sonbook.net/
地　　址：台北市中正區重慶南路一段六十一號八樓 815 室
Rm. 815, 8F., No.61, Sec. 1, Chongqing S. Rd., Zhongzheng Dist., Taipei City 100, Taiwan
電　　話：(02) 2370-3310　　**傳　　真**：(02) 2388-1990
印　　刷：京峯彩色印刷有限公司（京峰數位）
律師顧問：廣華律師事務所 張珮琦律師

定　　價： 320 元
發行日期： 2022 年 06 月第一版
◎本書以 POD 印製